有分寸

的沟通艺术

李丰杰 ◎ 编著

民主与建设出版社
北京

图书在版编目（CIP）数据

有分寸的沟通艺术 / 李丰杰编著 . —北京：民主与
建设出版社，2019.7（2024.3 重印）
ISBN 978-7-5139-2369-9

Ⅰ. ①有…　Ⅱ. ①李…　Ⅲ. ①人际关系 – 口才学 – 通
俗读物 Ⅳ . ① C912.13-49

中国版本图书馆 CIP 数据核字（2018）第 282965 号

有分寸的沟通艺术
YOU FENCUN DE GOUTONG YISHU

编　　著	李丰杰	
责任编辑	郭长岭	
封面设计	天下书装	
出版发行	民主与建设出版社有限责任公司	
电　　话	（010）59417747　59419778	
社　　址	北京市海淀区西三环中路 10 号望海楼 E 座 7 层	
邮　　编	100142	
印　　刷	三河市富华印刷包装有限公司	
版　　次	2019 年 7 月第 1 版	
印　　次	2024 年 3 月第 3 次印刷	
开　　本	880 毫米 × 1230 毫米　　1/32	
印　　张	8	
字　　数	156 千字	
书　　号	ISBN 978-7-5139-2369-9	
定　　价	48.00 元	

注：如有印、装质量问题，请与出版社联系。

前言

　　能说会道，也就是好好说话，把话说好，这是我们的终极目标。如果要给能说会道设立一个标准的话，那这个标准就应该同时满足两个非常重要的条件：要能充分且准确表达说话者的意愿；要能充分考虑且照顾听话者的感受。说得明白一点，能说会道就是要让说的人畅快，听的人舒坦。前一个跟技巧有关，后一个受情商控制。按照先说后听的逻辑，我们把情商放在了"后一个"。其实，情商除了掌控听众的感受之外，还深入到了技巧的细节。比如怎么才能打破说话者心中的壁垒，让他有话说，这就是情商所要解决的问题。所以，我们有"所谓的高情商就是会说话"的说法，事实证明，此言非虚。甚至我们完全可以这么说：要想让大家有话说，还能好好说，就必须要实现技巧和情商的提升和更新。其中，情商的提升尤为重要。

　　情商和能说会道的关系，我们可以用"四维沟通术"来阐述。"四维沟通术"是"四象限沟通术"的一个升级版。"四象限沟通术"把人说话这件事用一个坐标的四个象限来表示，这样能够让大家直观地看到究竟是哪些问题造成了我们不能好好说话的恶果。"四维沟通术"告诉我们，要想能说会道，需要具备四个技能：有话可说，有话敢说，说得清晰，听得舒服。在这当中，情商直接决定着"有话可说、有话敢说、听得舒服"三项技能的状况。这就是情商和能说会道的关系。要解决说话的问题，就必须先提升情商。这是本书暗含的内在逻辑，也是书中的一条暗线。

接下来，我们深入探讨了人们在说话时最容易出现问题的六大领域：聊天、说服、恭维、拒绝、安慰和谈判。也就是我们所说的能说会道的六大"痛点"，然后根据这些痛点，针对性地给出了一些具体的表达技巧。这些技巧都暗合"四维沟通术"的内在逻辑。我们在分享针对每个痛点的表达技巧之前，都先用一节的内容来解决怎么才能拆掉自己思维或者认知里的墙的问题，让说话者有话可说、有话敢说，让听者听得舒服，这就是我们所说的情商提升。只有这样，才能更好地达到能说会道的最终目的。

另外，本书在分享说话技巧的同时，用了较多的反面例子来展示我们平时说话当中的一些不足之处，以便我们能一边学习说话的技巧，一边反思自己平时说话时存在的不足。除此之外，本书在撰写过程中尽可能少地使用那些年代久远、动辄举世闻名的"经典"案例，而尽可能多地讲我们平时都能看得见、听得着、遇得上的一些比较接地气的故事，而且对每个故事的展开都比较充分，为的是带给您更为真切、细腻的感受，使您对故事背后蕴含的深意有一个更好的体悟。

　　书中分享的说话技巧未为全面，谨以抛砖引玉之心，挚盼诸位能有所获益、有所领悟、有所反思，最好是能举一反三，更好地成就自己的说话之道。

目 录
CONTENTS

第三章
说服：给他一个理由，剩下的交给对方

第四章
恭维：高明的恭维需要瞄准人性的"痛点"

第五章
拒绝：拒绝不可怕，可怕的是不敢拒绝

第六章
安慰：最不讲道理的情感互动

第七章
谈判：心理和技巧都要强悍

第一章

CHAPTER 1

四维沟通术：好好说话，先得"有话"

"所谓的高情商，就是会说话"。虽然高情商并不仅仅体现在会说话上，但是一个懂得好好说话，并能够把话说好的人，他一定是一位高情商的人。

把话说好的四个维度

首先需要向大家说明的是，我们在用一些故事来给好好说话做示范的同时，还用了不少的故事来做反面的示范。它们将会向我们诠释什么叫作好好说话的反面例子。这事为什么这么做？想让大家明白好好说话当中的种种误区，为什么不直接告诉大家，让大家根据自己的情况对号入座呢？

直接告诉大家也不是不可以，只不过从对错误的认知程度上来说，相较于对别人错误的认知，我们对自身错误认知的敏感程度和深刻程度要差得多。同样的错误，让我们从自己身上去找，我们常常就会习惯性地忽视，即使看见了，也不太容易有深刻的印象。但是，如果同样的错误发生在别人的身上，我们发现和记住错误的能力就会增强很多。所以有句老话说，"群众的眼睛是雪亮的"。但是这句话的成立，也得在其固有的场景下才会实现，那就是这个"群众"并不在观察的范围之内，如果这双眼睛盯着的对象也包括这个"群众"在内的话，那多半就不会那么雪亮了。这事说来，多少都会让人觉得有些尴尬，但是事实就是如此。我们永远都是更加容易记住自己的优点和他人的缺点，这取决于人性当中的某些特质。

当我们怀着"愉悦"的心情像欣赏段子一样看到了各种好好说话的错误示范之后，就难免会有这样的疑惑：原来，好好说话竟然具有这么大的难度？想要好好说话的我们，怎么才能躲开这些坑呢？坦白说，教人说话的书很多，但是想要把说话这件事彻底弄明白也并不是一件容易的事情。因为我们在谈到如何才能好好说话的时候，谈论更多的是一些技巧，而缺乏对说话这一行为的系统认知。这种重"术"轻"道"的做法，使得我们虽然掌握了一些比较实用的技巧，并取得了一定的成绩，却依然没办法对好好说话这事有一个系统全面的认识。那么，我们就有必要来聊聊什么是"四维沟通术"。

在对语言表达艺术的探究当中，"四维沟通术"形成之前有一个原型叫作"四象限沟通术"。四象限沟通术对人的说话行为做了一个系统的梳理。

根据逻辑思维能力和对具体表达技法掌控能力的不同，在好好说话这件事上，人们被分为四类：

（1）处在第一象限的人。他们拥有比较强的逻辑思维能力，对自己想要表达的内容有一个清晰且有序的认知。但是，由于他们语言表达技法的欠缺，所以他们呈现的状态就是思维清晰而表达不畅，更接地气的说法是"茶壶煮饺子，有话说不出"。

（2）处在第二象限的人。他们具备较强的逻辑思维能力和语言表达能力，他们呈现的状态才是我们要追求的"好好说话"的状态。

（3）处在第三象限的人。他们的逻辑思维能力和语言表达能力都不达标，思维和语言都是混乱不堪的。就听话者而言，不要说听明白他所要表达的内容，就连想听几句连贯的话都成了一件非常奢侈的事，这无疑是"好好说话"的一场灾难。

（4）处在第四象限的人。他们拥有较强的语言表达能力，但逻辑思考能力不足。想要表达什么？要怎么去表达？先说什么后说什么？完全没有清晰的逻辑思维。这样的人呈现出来的状态是思维混乱而表达通畅。他们往往是嘴比脑子快，说起话来混乱不堪，让听的人完全找不到重点，一直说到口干舌燥，就连自己也没听明白。

这就是四象限沟通术的核心理念，这是从内和外两个维度来解析说话这个事的结果。

但是，这还不是我们现在要说的"四维沟通术"。用四个象限来区分，只不过是为了更加清晰地解读呈现不同状态的内在原因，它的理念也只有逻辑思维能力和表达技法这两个维度。通过对四象限沟通术的简单了解，我们就可以在更短的时间内对"四维沟通术"有更加深入透彻的了解。那么，究竟什么是"四维沟通术"？最简单、直接的表述就是：动机、魄力、技能、包装。更接地气的说法就是：先有说话的欲望，然后具备把话说好的信心和胆量，然后掌握把话说对的技巧，最后还要掌握把话说得对而优雅的包装艺术。总结起来就是一句话：敢说话，有话说，能说对，说得优雅。

之所以有很多人不能好好说话，不是他们无法掌握说话的技巧，而是他们根本就没有表达的欲望。对于这种人，技巧问题的解决还在其次，消解心理认知上的障碍才是重点。事实上，他们对好好说话的各种好处有着清楚的认知，然而，他们对这种好处的渴望却败给了潜意识当中认知的障碍。

比如从来不肯入局，总是选择冷眼旁观做"局外人"的人。他们未必就不能好好说话，而是不肯好好说话。

"为什么不跟大家一起聊聊呢？大家相互认识一下也蛮不错嘛！"

"我感觉没什么好聊的呀！"

说话的时候，他的眼睛不自觉地看向别处，脸上满是掩饰不住的嫌弃。

"哦，想必你一定有更加重要的事情要做。不过，怎么决定要来参加这样的活动呢？"

"如果不是公司强制要求的话……"

就是这样，看起来他的问题在于根本就不想跟大家一起聊，因为在他的认知里，聊天纯粹是无聊者的游戏，是一种浪费时间的行为，而在他看来，他可不是那种随意浪费时间的人。没错，他想要给人的感觉就是这样的。但是，当其他人因为精彩的发言而获得阵阵掌声的时候，他的目光中还是不自觉地流露出钦佩和向往。由此可知，他并不是真的讨厌跟别人聊天，他只是需要弄明白一些事情的真相，比如聊天到底是不是无聊者的游戏？需要通过这些真相来打破他认知中的一些障碍。

当然，这些都是后话。在后续的章节中，我们会分享一些关于如何激发人表达欲望的实用性技巧。此外，我们还会分享如何坚定把话说好的信心以及掌握语言的表达技巧与包装艺术。我们把这些问题放在了最考验说话能力的六大沟通痛点当中，解决每一个沟通痛点时都会反复提及这些问题和分享更多的经验和技巧。而现在，我们需要做的是通过"四维沟通术"了解什么是好好说话的四个维度。

比好好说更重要的是有话说

通过对以"四象限沟通术"为基础的"四维沟通术"的了解，我们明白了很多时候我们为什么没能做到有话好好说，问题并不在于表达技巧。比起怎么运用一些技巧来让我们的表达变得更加完美，我们有更重要的问题需要解决，那就是我们先得想明白，我们应该说些什么。没错，对于很多不善表达的人来说，相较于如何把话说漂亮，怎样让自己"有话说"要重要很多，也迫切很多。

"我很讨厌跟其他人说话，如果可以的话，我宁愿永远一个人待着。但是有些时候，沟通是必不可少的，每当这些时候，我都尽量选择那些不用直接和人面对面讲话的即时沟通工具来解决问题。因为在跟其他人面对面的时候，我的直觉就会告诉我，我必须得说点什么才能不让场面显得那么尴尬。事实上，我也很想说点什么，但问题是我根本就不知道说点什么才算合适。于是，我就不由自主地开始强迫自己努力想起点什么，但是你知道吗？每当我努力想要找到一些有趣的话题时，我的大脑反而会变得一片空白。不知道你有没有这样的感觉，整个大脑就像是一台已经死机的计算机，完全处于瘫痪状态。我所说的瘫痪是指无法对指令做出任何有效的反应，但最要命的是，越是这种时候，就越能清晰地感觉到本能发来的指令，'你需要说点什么，赶紧想个有趣的话题出来'。这种来自本能的指令只会让大脑越发混沌，就像完全不懂得使用电脑的菜鸟一样，面对已经死机的计算机，只知道狂按键盘和鼠标，根本不知道这么做只会让情况变得越来越糟糕……"

"如果我们之间有一个特定的问题需要解决的时候还好，最起码还知道我们应该围绕什么来说话，而且就算我不说话，别人也会说，我只要回应就行了。谢天谢地，这比让自己找一个聊天的话题要简单得多。我最害怕的是面对一个陌生人或者是许久不见的人，因为我们之间没有一个提前预设好的话题，这简直太让人抓狂了。如果对方不肯先开口的话，我都不敢想我们会不会就一直站在那里盯着对方，将尴尬进行到底。因为不知道该说什么，所以，我从来不会先找别人聊天。多人聊天我就负责听，单独的沟通，只要给我一个理由，我都会尽量躲开……"

这就是每当面对那些总是习惯性地拒绝沟通，老是把自己放在一个"局外人"的位置上的朋友时所听到的真实的心声。与其说他们拒绝沟通，倒不如说是他们害怕沟通。因为面对面的谈话总是带给他们深深的挫败感，久而久之，这样的感觉会让他们做出一种错误的判断，他们会把自己看成天生不会说话的人。他们就应该一直躲在一个没有人的角落里，等着发霉。可是这样的举动在别人的眼里，通常会被看作不合群、不合作、高冷。要知道，在需要人们之间高度协作的今天，不管是身处职场、商场还是在朋友之间的交际圈里，一旦有人被贴上了这样的标签，那对他的生活和工作来说绝对会有灾难性的影响。

面对每次聊天都不知道要说什么的朋友，我们首先要申明的一个问题就是，很多时候我们口中的无话可说，并不是真的没有什么好说的，而是我们把说话或者聊天这件事看得太重了。一旦把这事看得比天还大，原本存在于你的大脑当中的话题就会自然而然地变得不值得一提了。但是我们的生活中十有八九都是一些鸡零狗碎的小事，就算能想到那些放眼全球，关乎全人类的大话题，放在升斗小民的日常交谈中也会显得不伦不类。经过这样的一番筛选之后，还能够剩下多少感觉能够说得出口的话题呢？这样看来，所谓的无话可说十有八九是把聊天这件事看得太大，储存的话题经不起这样严苛过滤的结果。精简为一句话就是，所有的无话可说都是不懂得"闲聊"的结果。

为什么要闲聊，闲聊当真能解决"无话可说"的问题吗？我们先来看看，所谓的闲聊到底是怎么一回事。很多人都以为"闲聊"就是扯闲篇，是一种很无聊的活动。但是真相并非如此。闲聊非但不是一无是处，还是打开沟通局面的重要法宝。在我们的社交活动中，只有会"闲聊"才能有进一步交谈的机会。正如某心理学家所说的那样："与人交谈时，若能做到思想放松，随随便便、没有顾虑，想到什么就说什么，那么谈话就能进行得相当热烈，气氛就会显得相当活跃。"

没错，与人交谈时热烈、活跃的气氛当然是再好不过的。但是这都需要先做到思想放松，要能够做到随意自然，没有丝毫顾虑。要想做到这一点，如果不将聊天这件事"等闲视之"的话，那是万万不可能的。学会闲聊是让自己有话可说的第一步，也是非常重要的一步。只有从思想中彻底抛开对沟通的畏惧感，那些原本被严苛的条件过滤掉的话题才会重新回到自己的大脑当中。不过，有句话叫作"知易行难"，也许明白这一点并不是特别难的事情，但是真的做到这一点却不是一件容易的事情。这一过程极大地考验着人们的耐心，如果没有一些收效很快的方法的话，这个过程将会淘汰掉很大一部分人。所以，每次在告诉他们要学会对沟通这件事"等闲视之"的时候，也会教给他们一些非常实用的方法，以下就是我们使用最多，也是收效最好的几个方法。

1. 实在不知道说什么的时候，就从自己说起

就像上面那些朋友谈到的一样，如果两个人之间有一个特定需要解决的问题的话，就不用太担心自己无话可说了。他最害怕两个相互都不了解的陌生人坐在一起，或者是两个已经分开了很久、相互都不太了解近况的人偶然碰在了一起。确实，这样的沟通情境最容易让人感到无话可说。尤其是那些平时就不怎么擅长沟通的朋友，遇到这种情况更是六神无主，尴尬到不行。如果在这种情况下真的不知道说点什么好的话，那不妨就从自己说起吧！如果两个人是初次相见的话，不妨就从自我介绍开始。不求多么出彩，就让人家简单认识一下自己就行。同时，也请对方介绍一下自己。也许，这个过程中你们会发现很多相同、相似，或者是彼此感兴趣的地方。这些就是让沟通更加深入的新话题。如果两个人不是第一次见面，那就从自己的近况说起好了。

如果你连在别人面前介绍一下自己都会感到有压力的话，那么，干脆再懒一点，抢先出手把皮球踢给对方，邀请对方先做一下自我介绍好了，或者先请对方聊聊他的近况。虽然，有时候这样做会稍微有些唐突，但是比起无话可说时的尴尬，这确实是个不错的法子。

2. 实在无话可说时，不妨就地取材

利用介绍自己摆脱无话可说的尴尬，打开沟通的局面的确是个不错的方法。但是我们每次都使用同样的方法，难免会显得单调。时间长了，这一方法会使得自己的沟通陷入一成不变的俗套当中。不用担心，我们还有第二个方法分享给大家。那就是当自己不知道要说什么的时候，不妨就地取材。就地取材的方法很简单，那就是看到什么就从什么说起。这个方法简单易学，而且还不会显得单一、枯燥。比如，你们交谈的场景是一个朋友聚会，就不妨从发起聚会的这个朋友说起。一般而言，这个发起聚会的朋友很有可能是你们彼此都熟悉的人。虽然你们彼此之间还不是很熟悉，但是因为有了这个共同的好友存在，从他身上引发共鸣的概率还是非常高的，此外，你还可以从聚会的场景或者是饮品说起。

有一个总是担心自己无话可说的朋友告诉我，在他参加一个朋友的聚会时就遇到了这样的情况。当时，其他人聊得都很欢畅，只有他跟坐在对面的哥们握着酒瓶默默地喝着，场面有些尴尬。他知道，在这种情况下最好能说点什么，但是他又不知道说什么好。这时，他刚好看到对方手里拿着一瓶青岛啤酒，而自己喝的却是雪花啤酒，于是就有了下面的对话：

"我看你喝的青岛啤酒，我很多朋友都喜欢。你是一直都喝青岛啤酒吗？我是说在可以选择的情况下？"

"对呀！我比较偏好青岛啤酒的口感。如果可以选择的话，我基本上都会选择它。"

"我倒是喝雪花啤酒多一些，他们老是问我为什么，有什么不一样的。说实话，我弄不太清楚它们的区别，但是就是喜欢。"

"嗯，如果说起它们的区别的话，工艺和口感都不太一样，要说口感的话，我觉得青岛啤酒的口感比较柔和，如果细品的话，啤酒到舌根的时候会有一种啤酒花的香味。相比较来说，雪花啤酒的口感就比较醇厚，喝不惯的人会觉得有些杀口……"

就像这位懂得就地取材的朋友一样，感觉到无话可说的时候就从对方手里的一瓶啤酒说起，很快就打开了交谈的局面，那晚他们从啤酒开始聊了很多，后来还成了不错的朋友。

如果你也时常在交谈时感到无话可说，上面分享的两个方法不妨拿来试试，相信会有不错的效果。

从面子心理看说话的敢与不敢

我们说过跟好好说话比较起来让自己有话可说显得更为重要一些，也更为迫切一些。毕竟只有有话可说，然后才有运用各种表达技巧把话说好的可能。我们也在上一节介绍了如何才能让自己有话可说，同时也分享了两个非常实用的小方法。但是，一个不容置疑的事实是，在有话可说和好好说话之间还存在一个是否敢说话的问题。如果这个问题得不到妥善解决的话，那么就算是掌握了再多的让自己有话可说的技巧、即使拥有再多有趣的话题，也会因为不敢开口而徒劳无功。那么，我们就先从面子心理的角度来聊聊说话的敢与不敢。

事实上，是否敢说话的问题是极少存在的。因为我们在绝大多数的沟通场景当中，开口说话不管说得好还是不好，都不需要承担多大的责任，我们大可不必为此而胆战心惊。但是，从实际情况来看，我们又有不在少数的朋友因为开口时的怯场而让一场谈话无疾而终。用他们的话来说就是：

"之前我做了很多的准备工作，准备了好多名言金句，我甚至在脑子里把这些话都'说'了好多遍了。可是到了开口说话的时候这一切就全变了，脑子里空空荡荡的哪里还有什么名言金句，就连自己要说什么都忘得一干二净了。就在开口的那一瞬间感觉整个人都不好了，心跳加快、手心出汗、大脑空白，舌头也好像打了结一样，连一句像样的话都说不出来。我甚至感觉连站着的勇气都没有了。"

这种情况就是不敢开口说话的典型表现，也就是我们通常说的"怯场"。对于这些怯场的人来说，不要说开口讲话，就单单是站在台上或者是沟通者的面前就已经是一种极大的煎熬了。虽然并没有那种被刀架到脖子上的危险，也没有来自其他方面的威胁，但是这种紧张感却是真真切切存在的。

吴岩，毕业十几年之后他成了少数几个能让全班同学记得起来的人之一。之所以对他印象深刻是因为他那次钻讲桌的经历。大学时期，他是个阳光帅气的大男孩，脾气性格也不错。可能是因为人缘的原因，莫名其妙地就被推选为文艺委员。事情就发生在吴岩走马上任的那一天。那天，同学们投票之后，辅导员请吴岩到前面发言，然后戏剧性的一幕就出现了。吴岩是脸上带着微笑走到台上的，但是在他面对同学们站好之后脸上的笑容就慢慢地变得僵硬了。然后就是满脸通红，再然后就是额头上渐渐蒙上一层细密的汗珠。于是，整个教室，台上台下都开始变得无比尴尬。正当一旁的辅导员准备出手救场的时候，吴岩出人意料地钻到了讲桌底下，再也不肯出来。最后在同学们的爆笑声中悄悄溜回了自己的座位，全程一直低着头。

我们上面提到的那种怯场的感觉就是吴岩在事后讲述的真实感受。

关于为什么会紧张，到底在害怕什么？在不同的场合问不同的人，所得到的答案也不尽相同。有人回答"害怕自己说不好"，有人说"害怕别人笑话"，还有人回答"害怕自己没有自己演练的时候表现得那么出色"，甚至还有人干脆回答"我也不知道为什么，没来由的，反正就是紧张就对了"。其实，不管这些人的回答在表述上有什么细微的不同，它们都有一个共同的核心指向，那就是怕丢面子。

"面子"这个词来阐述是否敢说话这一问题是非常贴切的。因为"面子"这个词是非常具有中国特色的，非常符合国人的文化和心理。毫不夸张地说，"爱面子"是中国文化非常典型的一个侧面。就像鲁迅先生曾经说过的那样："面子是中国人的精神纲领，只要抓住这个，就像拔住了辫子一样，全身都跟着走动了。"但是用"面子"来解释是否敢说话这一问题又并非易事，因为在这之前我们需要先弄明白"面子"到底是什么？说到这里还得借用鲁迅先生的另一句话："'面子'是我们在谈话中常常听到的，因为好像一听就懂，所以细想的人大约不是很多。"没错，因为好像一听就懂，所以细想的人不会很多，也因为细想的人不是很多，所以对于"面子"我们还没有一个十分精准的定义。不过幸好我们只是用"面子"来解释大家在说话时的怯场问题。我们只需要从心理学的角度来解释就够了，那么从沟通心理学的角度来讲，面子到底是什么呢？从沟通心理学的角度来看，所谓的面子就是人们在沟通过程中对自我角色的期待。我们每个人在跟其他人沟通和交流的过程中，都会有心理上的一个角色的预期，希望通过沟通能够在对方那里获得这一预期的满足感。但是沟通的过程充满了各种未知的因素，到底能不能从对方那里获得这种满足感，也是一种未知。于是，这种角色的期待越高由此而产生的焦虑感就越强烈。这种强烈的焦虑感就会演变成难以名状的紧张感。受这种紧张心理的影响，很多人虽然明明已经做了充分的准备，却在说话的一瞬间变得不敢开口了。这种在沟通中的过高的角色预期才是我们不敢开口说话的根本原因所在。

　　明白了这一点，也就等于找到了解决问题的方向。要想在沟通中降低这种紧张感就得在沟通开始之前降低自己的角色预期。这种角色预期降得越低，由此而来的紧张感就会越弱，我们所受到的负面影响就会越小。可以想象一下，如果我们在沟通的过程中不切实际地把自己的角色预期设定为沟通大师，那么我们将会承受一种什么样的压力呢？在这种压力的影响下又有多少人敢于开口说话呢？相反地，如果我们在沟通开始之前就能够对自己的沟通水平有一个清醒客观的认识的话，我们就有可能设定一个跟自己的沟通水平相当的角色预期，甚至让预期中的角色略低于自己当下的沟通水平。这样一来，对结果的掌控感就会大大增强，再开口说话的时候自信也会增加不少，胆子自然也就会变得大了。

不过，还是那句话：知易行难。客观认识自己的沟通水平并合理调整自己在沟通中的角色预期，直到把自己的角色预期设定到一个恰当的位置，让这个预期中的角色给自己带来动力，又不至于被过高的预期所带来的焦虑感而干扰得不敢开口。这是一个需要不断尝试的过程。下面，我们就分享几个在实现这一终极目标之前能够有效缓解紧张感的方法，以此来坚定我们坚持下去的信心和勇气。

1. 当你不敢开口说话时，从生理的角度对心理进行调节

人在感到紧张的时候，之所以会出现心跳加快、喉咙发干、冷汗直冒等生理反应，其实都是肾上腺素大量分泌的原因。当人的肾上腺素分泌过量的时候，就会在生理上表现出一种临敌的状态，这种状态就像是有一个黑洞洞的枪口顶在自己的脑门上。试想一下，这种情况下又有几个人能够顺畅流利地表达自己的心中所想呢？恐怕就连心中所想的都已经忘得干干净净了。就像我们之前提到的吴岩同学所说的那样，不要说流利地说话了，就连站在那里都需要极大的勇气。既然生理上的临敌反应是肾上腺素惹的祸，那我们就能通过降低肾上腺素分泌的方式来平复我们紧张的情绪。比如在感到紧张的时候有意放缓动作和呼吸的节奏；比如先停下来让自己做几个深呼吸，并在接下来的过程中把语速放慢。又比如通过搓手，舒展四肢等来调整自己的状态。

2. 当你不敢开口说话时，不妨找一些道具来帮忙

有研究表明，香草、巧克力的气味有助于降低人的焦虑恐惧。如果你在讲话时经常因为紧张而不敢开口说话的话，那么你有必要在这之前就先给自己准备一些帮助自己缓解紧张情绪的小道具。当然，这些小道具是针对一般人而言的。除此之外，你还可以找到自己专属的缓解紧张情绪的秘密武器。那就是你平时一直随身携带的，或者是你用得得心应手的小物件。你一定要找到它们，必要的时候把它们带在身上或者握在手里。这些专属的小道具，关键时刻能够给你一种心理的安全感。

3. 当你紧张到不敢开口说话的时候，你一定要记得这些伟人

任何人都不是天生就会沟通的高手，也不是生来就敢在公众场合自如说话的。不管说什么都有艰难的第一次，这一点都不丢人。就像美国总统罗斯福说过的话："每一个新手，常常都有一种心慌病。心慌并不是胆小，而是一种过度的精神刺激。"如果罗斯福的这句话还不能让你坦然接受自己的紧张情绪和由此而来的那些你自认为有些失态的表现的话，那你一定要记住下面的几个伟人，他们在开口说话的时候并不见得比你强多少，甚至连你现在的状态都不如：

古罗马著名演讲家希斯洛第一次演讲时就脸色发白，四肢颤抖。

美国的雄辩家查理士第一次登台的时候，两个膝盖抖得不停碰撞。

印度前总统英·甘地首次演讲的时候，根本就不敢看听众，万般无奈只好脸孔朝天。

想想这些青史留名的伟人，他们尚且会有因为紧张而失态的时候，更何况是你我呢！所以，所有的不敢开口说话都是看不开、放不下的结果。只要敢于降低自己的角色预期，抱定豁出去的心态，自然也就释然了。

不说废话，需要一个强悍的逻辑

关于"四维沟通术"，我们了解了如何才能让自己在沟通的过程中有话可说，也明白了怎样才能让自己把想说的说出来。接下来，我们马上就要介绍一下"四维沟通术"的另一个重要因素，在理解并掌握了这一要素之后，我们的沟通水平将会得到较大幅度的提升。也许我们还不能算是一个顶尖级的沟通大师，但是你的沟通水平绝对已经到了及格线以上。拥有这样说话水平的你，用来应付工作或者生活中的各种交际需求应该已经能够得心应手了。拥有这样的说话技巧，你完全可以很轻松地向他人表达出你所想表达的意思，也可以从别人那里了解到你所想了解的信息。这个能把话说明白同时也可以向对方提出关键性的问题以引导对方给出自己想要的答案的能力就是沟通的逻辑性。那么，到底什么是沟通的逻辑性呢？在解释这个问题之前，我们先来认识一下什么是"说话颠三倒四症"。

一提到"颠三倒四"这个词，相信大家都不陌生。我们身边总会有那么几个人，也许是生活中的朋友，也许是公司里的同事，还可能是生意场上的伙伴。很多时候，他们明明说了很多，但是我们就是无法弄明白他到底说了什么。尽管他们说话的时候声音洪亮、吐字清晰、表达流畅，表情丰富，但是作为沟通的对象，你就是听不懂他到底想要表达什么。以至于实在听不下去的你不得不善意地提醒一句："所以，您想要说的是？"

也许，在你善意的提醒之下，他才会在长篇大论的最后用一句话告诉你他到底想说什么？还有一种可能就是，连他自己都不知道想要说什么，这就是典型的"说话颠三倒四症"。他们在说话的时候往往是前言不搭后语，如果前言搭上了后语，那十有八九就会出现前后打架的局面。后面的话往往会被前面的话"绊倒"。一般来说，患有"说话颠三倒四症"的人，在与人沟通的过程中会有下面几种具体的表现，梳理出来供大家参考。

（1）他们在说话的时候，前后的语言之间根本没什么条理可言，无法准确简洁地表明自己的观点，让听的一方很难搞懂他们到底要说什么。

（2）在多人讨论时，他们经常会时不时地说出一些与讨论的主题毫不相干的建议或意见，常常会把讨论的方向带偏。

（3）在听别人谈话时，无法正确理解对方的想法和观点，不能就同一问题进行更深一步的沟通，而是会提出一些莫名其妙的问题或者建议。

（4）面对较为复杂的情况时，即使对方一再提示要有条理地对事件进行总结和归纳，自己明明已经很努力了，却依然无从下手，更无法及时整理成条理清晰的语言。

上面所列的几个特征，只要有任何一项经常出现，就可以据此断定为"说话颠三倒四症"。如果一不小心发现自己也是"说话颠三倒四症"当中的一员的话，千万不要因此而忧心忡忡。因为患有"说话颠三倒四症"的人绝不在少数，而且事情也远没有想象的那么严重。我们上面提到的一些场景当中的现象都只有在"重症"患者身上才会出现。而且，就算你真的很不走运就是我们所说的"重症"患者当中的一员，那也没什么大不了的，因为"说话颠三倒四症"并不是不能改变的，它的根源就在于我们"四维沟通术"当中第三个非常重要的因素——逻辑思考能力。找到了问题的根源就等于是找到了解决的问题的方向，只要我们在这个方向上坚持不懈地努力，就能迅速摆脱"说话颠三倒四症"的困扰，让自己的表达变得精准有效。

那么怎么才能做到让自己的说话富有逻辑性呢？简单说，就是在开口之前先想明白自己所要表达的论点、论据和论证过程，即富有逻辑性的说话要具备三个要素：主张明确、理由明确、使用逻辑信号。我们来做一下系统的了解：

（1）主张明确。关于这一点，我们往往有个不小的误区，我们通常会认为只要在非常正式的场合才需要先明确的自己的主张，比如说做演讲或是做报告的时候。至于其他相对比较随意、比较放松的场合完全没有必要这样，只需要想到哪里说到哪里就可以了。事实并非如此，不管是什么样的场合，不管你的沟通对象是谁，我们都需要明确自己的观点和主张。不然就只能就是东一句西一句，完全不着边际，自己说得累，对方听得也累。完全不明白你要表达的是什么的情况下，对方想给你一个回应也完全找不到方向。这样下去只能是两种结果，要么是各说各话，完全没有交流，要么就是由你一个人唱一场独角戏，他则干自己的事情。不管是哪种情况都会很快把聊天带入死局。

（2）理由明确。理由明确就像是议论文里的论据一样。你有了一个观点和主张。不管对错都得有自己的理由来支撑，这里需要强调的是：第一，理由一定要明确；第二，这个理由一定要与观点及主张紧密相关。这一点较理由能否成立更为重要。见过不少说话逻辑性不够强的朋友，他在一开始的时候就明确点明了自己的观点，但是紧接着却说出了一个与观点完全不沾边的理由。这种情况下，就算是观点不错，理由也是能够成立的，但是因为理由和观点之间没有必然的逻辑上的因果关系，仍旧会让听者感觉一头雾水，甚至会因此而影响你所持观点的正确性。

（3）使用逻辑信号。这个过程就相当于论证的过程了。只有逻辑信号使用得准确了，才能在观点和理由之间建立一种紧密的联系。我们在理由明确当中所提到的问题才能够妥善解决。一个观点很多时候都需要由一个以上的理由来支撑，这当中有的理由是直接的、必然的，有一些可能就是间接的、辅助性或者是补充性的。涉及的理由越多元，使用逻辑信号的难度就越大，这个过程中不仅要明确理由和观点之间的关系，还需要厘清各个理由之间的关系。不过，如果只是说要准确使用逻辑信号的话可能会觉得有些不够直白，更直白一点的说法就是要准确使用连接句子与句子之间的停顿的逻辑性词语。我们叫作连续词。为了有一个更加直观的印象，我们不妨来列举一些使用频率比较高的连续词。比如说，我们要对一个问题进行进一步说明的时候，我们说"也就是说"；需要做下小结的时候，我们会说"总体来说"；需要阐述一个现象产生的原因时，我们说"要说其原因"；我们需要说明一个理由，但是接下来还会有其他的一个或者多个理由的话，为了把这之间的逻辑关系表达清楚，我们会用"一方面"；等等。这些就是准确使用逻辑信号的正确示范，明确的观点和明确的理由之间只有辅以这些明确表示它们之间的逻辑关系的逻辑性信号才能让整个表达变得条理清晰，才能算是真正意义上的逻辑说话术。

情商指数决定说话的亲和指数

通过前面几个内容的介绍，我们对"四维沟通术"的前面三个关键词——有话说，敢说话，说得清晰，都已经有了一个初步的认识和了解。接下来我们来一起了解"四维沟通术"的最后一个关键词：优雅。如果你通过自己的努力成功掌握了"四维沟通术"的前三项技能的话，恭喜你已经可以在任何场合都可以很轻松地表达自己的思想和观点了。并且你的表达也会很容易获得对方理智上的认同。但是如果想让对方完全接受你的观点的话，除此之外就还需要得到对方情感上的认同。这就需要你的表达不仅要流畅、清晰，还要有情绪的感染力和亲和力。能够让自己的表达更容易获得对方情感上的认同，就要看你说话的亲和力够不够了。

而决定每个人说话亲和力的一个决定性的要素就是情商指数，我们现在经常讲的一句话叫作"所谓的高情商，就是会说话"。这句话还是有一定的道理的，虽然高情商的体现并不仅仅体现在会说话上，但是一个懂得好好说话，并能够把话说好的人，他一定是一位高情商的人。现在，我们先认识一下高情商中对于我们的说话亲和力起着决定性作用的因素："同理心"。

那么，究竟什么是同理心，为什么同理心对于我们好好说话的水平有着这么大的影响？我们来看看情商的几个组成部分。现代情商理论认为，情商的主要构成部分可以分为五个不同的模块：自我情绪认知，自我情绪控制，自我激励，同理心和人际关系处理。其中前三个模块的指向是向内的，指向情商的本体，也就是自我。后面的两个模块的指向是外向的，主要研究情商本体和其他个体之间相互关系的维护和处理。虽然这两个模块的指向都是本体和其他个体之间的关系的维系与处理，但是在这当中，同理心更侧重于"道"，更像是处理人际关系的原则。而后面人际关系处理则更加侧重处理的具体方法，更加偏向于"术"。所以，当我们在谈论"所谓高情商，就是会说话"的时候，我们其实是在说同理心对于我们进行高水平沟通的影响。

我们再用更加接地气的方式对同理心进行更加深刻一些的认识。同理心，还有其他几个名字：换位思考、神入、共情。如果说神入和共情都会给你一种不太好理解的专业化感觉的话，那么我们借助换位思考来认识同理心就不会觉得陌生了。其实，虽然叫法不一样，但是本质上指的都是站在对方的立场上设身处地为对方思考的一种沟通方式。也就是说在沟通过程中能够体会他人的情绪和想法，理解他人的立场和感受，并能够站在他人的角度思考和处理问题。这就要求我们在开口之前，先要去了解对方，尽可能走进并了解对方的内心世界，并把这些信息作为自己选择表达方式的重要依据。这几乎就决定了我们到底能不能说出具有超级亲和力的话来，也决定我们说话的水平，同时也决定着我们的沟通水平。就像国际著名的心理学专家亚瑟·乔拉米卡利和凯瑟琳·柯茜说的那样："如果没有同理心，我们将无法以任何有意义的方式和别人产生联结，也不会想要那么关心人。我们将会过着孤独的生活，我们的思想会情感分离，我们每一个人都会成为一座孤岛，没有'理解的桥梁'可以与人联结……这种判断别人没有说出口的想法与感觉的能力，是同理心的天赋才能之一。所有生物都需要同理心；没有同理心，我们将无法彼此理解，或对别人表达支持、鼓励、温暖、情感。如果没有理解别人想法和感觉的能力，我们将无法了解别人到底在想什么。所有陌生人将被当成敌人或被冷漠地对待，即使对家人和朋友也会漠不关心。"

"判断别人没有说出口的想法与感觉"这才是对同理心最本质的阐述，我们所谓的高情商其实说的就是拥有较强的同理心。而拥有较强的同理心，不仅要求我们具有较强的对别人没有说出口的想法和感受的判断和捕捉能力，还要能很好地表达自己的同理心，让沟通的对象感受到你对捕捉到的对方的想法和感觉的回应。这种能力比拥有同理心的能力更加重要，也更能体现出同理心在沟通上的价值。只有通过说话让别人感觉到你对他的那些尚未说出口的想法和感受的正向的、积极的回应，你们的沟通才能保持在一个统一的频率上，你们之间的情绪认同感才会很高。这也是你说话具有超强感染力的最直接的体现。那么，到底怎么才能做到呢？我们一起来分享一下亚瑟·乔拉米卡利和凯瑟琳·柯茜在他们的著作中给出的关于如何在沟通中表达同理心的七个基本步骤：

（1）问开放式的问题；

（2）放慢脚步；

（3）避免太快下判断；

（4）注意你的身体反应；

（5）了解过去；

（6）讲故事说出来；

（7）设定界限。

相信只要你有足够的决心和毅力，通过对这七个基本步骤的不断实践和锻炼，让别人通过你的语言表达准确感受到你对他的还没说出口的感觉和想法的捕捉和积极回应，就绝不是一种可望而不可即的高度。我们先把同理心在沟通中的作用引入一个场景中来，清华大学著名的管理学教授宁向东教授曾说：

"我们有很多的领导，特别有诚意地去指导自己的下属，但是他们都失败了。这并不是说他们说的东西不对，而是他们说的东西，从最开始就没有让别人听进去。之所以没能让别人听进去，最根本的原因就是他们没有'同理心'意识。他们在指导下属的时候没有融入他们的情境，没有建立起有效沟通和有效指导的平台。"

他在对同理心的认识中提到了"同理心"和"同情心"的区别。

这一点对于我们准确把握和运用"同理心"非常重要，我们有必要在此做一下分享。宁向东教授认为，同情是一种主观上对他人的感情，是自己的情绪的一种。就好比，看到一个生病的人，自己感觉到很悲伤，也会因为自己这种悲伤的情绪愿意给对方一点帮助。但是这种感觉只是自己的，而不是别人在生病时的感受。所以这只是同情而不是"感同身受"，也不是真正的"同理心"的体现。

那么，真正的同理心到底应该是什么样的？宁向东教授用发高烧来举例说明，他说只有发过高烧的人才会有那种浑身疼痛的体验。也只有你经历过了这种切身的体验，以后再遇到发高烧的人，你才有可能融入别人的情绪感受的情境中。而不仅仅是看到他的体温是 39 摄氏度或者是 40 摄氏度。除了这些具体的数据之外，你还能想到他的身体会痛。你想着他的痛，可能自己的身体也似乎会感觉到隐隐的疼痛，这就是"感同身受"。也只有在这个时候，你所产生的情感就不仅仅是同情，而是真正的同理心。

这样的例子我们现实生活中有很多，我们不妨稍微扩展一下。比如一群经历过生产阵痛的女士在面对一个正在被分娩的痛苦所折磨的准妈妈时，她们都会在感觉上唤醒自己经历过的感受，她们就能做到"感同身受"。她们的情绪就是同理心。而一群男士面对这样的场景，他们所表现出来的情绪就只能是一种同情。再比如说，一个正在吃糖葫芦的人告诉你说："这糖葫芦真酸。"经常吃糖葫芦的人看到这样的场景，听到这样的话，马上就会感受到那种酸，并且会有大量的唾液分泌。而一个没有吃过糖葫芦的人，他是很难做到"感同身受"的。在这些具体的沟通场景中所说的话，它的情绪感染力和所能得到的对方情感上的认同感的差别是非常大的。

一个没有吃过糖葫芦的人，在别人告诉他"糖葫芦很酸"的时候，他多半只能回应："是吗？那么，到底有多酸呢？"

面对这样的回应，对方也多半只能回答：

"反正就是很酸了，算了，你可能都没有吃过糖葫芦，跟你说不明白的。"

这样一来，聊天就很容易被聊"死"了。你如果不想让局面陷入无比的尴尬当中的话，就不得不花费心思寻找新的话题。但是一个经常吃糖葫芦的人，甚至都不用等对方开口，光看对方的表情就能准确捕捉到对方感受。看到对方双眼不自觉地紧闭，面部表情微微扭曲，就马上能够做出回应：

"这糖葫芦一定超级酸吧？我也经常会遇到这样的情况，一口咬下去，真是从舌尖酸到了牙根，甚至会忍不住浑身一抖。"

面对你这样的回应，对方的回答可能就会变成：

"太对了，我吃的这串就是这种超级酸的。不过，我还是蛮享受这种感觉的。"

接下来，你们就有可能聊到什么样的红果会更酸，蘸糖葫芦怎么做才更好吃。你们的聊天就会变得很愉快，你所说的话就能获得对方在情感上更大的认同。随着聊天的深入，你们会变得越来越亲近。在沟通中，同理心对说话情感认同起着决定性的作用，也就为什么我们会说"高情商就是会说话"的原因所在。当然，关于同理心这一情商技能在沟通中的具体运用，我们还会接触到更多的方法，现在，我们只是在"四维沟通术"的语境中对其有一个初步的认知。关于"四维沟通术"几个关键词——有话说、敢说话、说清晰和说出感情，都是为了方便我们对于"四维沟通术"有一个系统的认知，这是我们以后实施一些具体方法的纲领和原则。只要我们在自我的认知中，对"四维沟通术"有一个系统的认识，我们在接下来的几个沟通痛点中所分享的方法才能被有效运用，并做到举一反三。

有 分 寸 的 沟 通 艺 术

第二章

CHAPTER 2

聊天：感觉对了，才能聊得嗨

聊天，聊的是什么？更多的时候，聊天聊的是感觉，聊的是气氛，聊的是爱好与兴趣，不管是感觉、氛围，还是兴趣与爱好，都有一个共同的预期，那就是，把所有人的感觉都聊到同一个频道上来。

比话题更重要的是话题的打开方式

经过第一章的系统了解，相信我们已经能够从整体上把握"四维沟通术"的四个关键要素了。接下来，我们就把这好好说话的四项基本原则引入我们平时体验最多的几个具体场景中来。让那些能够帮助我们好好说话的方法在这些具体的场景中展开。我们先选择最随意、最放松，也是最能消除我们沟通紧张感的场景"聊天"开始。为了能够更好地营造这种轻松、随意的氛围，我们就从生活中的一个小笑话开始：

话说某单位的两个同事，两家住同一个小区，平时关系还算不错。后来因为工作上的事情闹了一点矛盾，关系变得生分了不少。在他们的矛盾中，A 需要承担的责任更多一些。这让 B 感觉自己很是委屈，一直对这件事耿耿于怀。A 也感觉到这件事的主要责任在自己，也一直在找合适的机会跟 B 打个招呼聊聊，缓和一下紧张的关系。但是苦于在单位的时候一直没能找到合适的机会。一个周六的午饭前，A 下楼到小区门口的小超市买东西，正好碰上刚刚买东西回来的 B，A 就想这是一个缓和关系的好机会。又不是在单位，自己主动打招呼又不会让同事看见，不会跌了自己的面子。而且还是周末，说不定一会聊好了还能一起出去走走呢？

可是该怎么开口呢？一开口就道歉显得也太唐突了，弄不好就会很尴尬。但是又没有多余的时间让他考虑，两个人迎面碰上稍微犹豫一下可就擦肩而过了。这时候A发现B手里刚好拎着一袋馒头，就急匆匆来了一句：

"呦，买馒头干啥呀？"

本来B这几天就心气不顺，看到A迎面走来就一肚子火气。本想着A能主动打招呼，会跟他说一些表示歉意的话。完全没想到，A没头没脑地问这么一句。心想：

"这不是废话吗？买馒头除了吃还能干啥？这小子一定是在故意调侃我。"

B越想越来气，着急之下不知怎么就回了一句：

"喂猪！"

没好气的B气冲冲地来这么一句，走了两步想起来不对，这下就更加火大了。转过头来恶狠狠地瞪了A一眼，头也不回地走了。留下A一个人独自凌乱。

这看起来就是生活中很常见的一个笑话，但是如果我们用好好说话的标准来衡量的话，这简直就是一个说话的"事故"了。那么，问题出在哪里呢？我们不妨再来做一次复盘，在这个场景中，A要缓和他们之间的关系就得主动打招呼说话，在这样的情况下B不太可能主动找A聊天。而且很显然，他们之间没有预先设定好的话题，

A 要想主动展开两个人之间的沟通就得自己找一个合适的话题。再有就是他们不是坐在同一辆公交车上，也不是坐在单位的办公室里。在买东西的路上的偶遇也就决定了 A 没有太多的酝酿时间。在这几个既定的条件下，A 刚好看到 B 手里拎着刚买回来的馒头，就选择从馒头上面找话题。这本身也没什么不对，这完全符合我们之前提到的寻找话题时的"就地取材"的原则。但是问题还是出现了，那就一定是哪里有不对的地方。既然选择话题的方式没什么不对，问题又出在哪里了呢？问题就出在这个话题的打开方式不对，为什么不对？在讨论这个问题之前我们还是以上面的几个场景为例，用另外一种方式打开这个馒头的话题，看看结果会有什么不一样：

面对迎面走来的 B，A 主动迎上前去，热情地跟打招呼："嗨！"

这时候 B 就算是心有所不快，面对 A 的热情招呼，也多半会做出回应："嗨。"

可以想象，B 的回应多半没有 A 那么热情，但是又有什么关系呢？毕竟彼此之间的沟通关系已经建立起来了。而且在等待对方回应的时间，A 完全可以再考虑一下如何更好地展开"馒头"的话题。这时候断不会问出为什么会买馒头的问题。而是会说：

"你也喜欢吃馒头呀？是在门口的超市买的吗？我也喜欢他们家的馒头，味道挺不错的。"

这时候 B 还能怎么说呢，如果气消了，多半会说：

"对呀！我也喜欢吃馒头，咱们小区超市的馒头确实不错，我一直都是在那里买。"

就算 B 还是感觉心里多少有些不痛快，最多也只能说：

"我才不喜欢吃馒头呢，是我媳妇（老人，孩子）喜欢吃，我是给她买的。"

或者说：

"我才不会买那里的馒头呢，我是在别的地方买的。"

不管这么样，只要 B 开口接下了这个话题，A 就完全可以把这个话题继续下去。他完全可以这么说：

"是吗？那你真是个体贴的好男人（有孝心的男人，有爱心的爸爸）。"

或者说：

"是吗？你宁肯跑得远一点也要去那里买，那他们家的馒头一定比别家的味道好，能不能告诉我具体地址呢？下回我也去买点尝尝。"

聊天聊到这种程度，如果你是 B 的话，你还会好意思继续僵持下去吗？毕竟也不是什么大不了的问题不是吗？那么，我们再来看看场景一和场景二在面对同样的"馒头"话题的时候，打开的方式有什么不一样呢？不难看出，场景二当中在打开话题的时候只是多了一个热情的招呼"嗨"。看起来两种说话的方式没有太大的区别，但是结果却截然不同。这就是我们经常强调的：比起合适的话题，我们打开话题的方式显然会更重要一些。想想看，在场景一当中 A

为什么会说出那样让 B 根本就无从回答的话呢？根本原因就是酝酿的时间过于仓促，脑子还没来得及捋清，嘴就已经等不及了。嘴比脑子快，就是我们经常说的说话不过脑子。既然是说话不经过大脑，那说出什么样的话来都不足为奇了。但是场景二当中多出来的这个招呼"嗨"，却是有很多的妙处的。第一个妙处就是唤起沟通对象的注意，潜台词就是"请注意，我要跟你建立沟通关系了"，还可以在情绪上给对方进行预热，你可以试着说出这个词"嗨"。这个词是有着非常强烈的情感色彩的，而且还是正向的、积极的。一旦把带有这样强烈的积极情绪的信号抛向对方的话，对方是很难不做出回应的。只要对方选择回应，你们之间的沟通关系就算是建立起来了。而且，还有一个妙处就是这种强烈的情感暗示也会感染自己，让自己变得更加轻松。同时，在对方考虑怎么回应的时候，你可以寻找更完美的打开话题的角度。

那么，我们不妨再来回忆一下。你在开始一个聊天的话题之前，有没有使用类似这样的打招呼的习惯。如果还没有，那就要抓紧改变了，从现在开始训练几个常用的打招呼的词。如果有的话，那仔细体会一下你通常用来打招呼的词，看看它在情感色彩和强烈程度上跟我们上面提到的那个"嗨"有什么不同的地方。下面我们来介绍几个使用频率较高的、用来打招呼的词，供你参考使用：

嗨：情感色彩积极强烈，适合日常聊天的场景中使用。

Hello：情感色彩积极，感觉更随意，适合在各种气氛活跃的

Party（聚会）中使用。

你好：感情强度一般，感觉严肃，适合在较为正式的场合使用。

多一些感觉，少一些评价

不知道是否有过这样的感觉，就是面对同样的一个话题，有的人聊起来用不了多久就能够聊到勾肩搭背，而有的人聊了一会就会横眉冷对，甚至就此绝交，老死不相往来。我们在上面提到过的：比话题更重要的是话题的打开方式。不仅仅适用于聊天开始的时候，同样也适用于聊天进行的整个过程。

生活中这样的例子屡见不鲜，女士们聚在一起大多会聊起化妆品、服装什么的。有的聊一会就开始打开各自随身携带的包包来，拿出各自的宝贝给对方抹在手上、脸上，让对方感受、体会分享的快乐。如果是在家里聚会，更有脱下自己新买的外套让对方穿在身上感受一番的也算不上奇怪。但凡这样的场景，双方都是能好好说话的沟通高手。对于那些沟通水平并不太高的人来说，同样的情境，画风十有八九就不一样了。

有位交情不错的朋友我们暂且用 A 君代称，闲聊时讲起不久之前的一段不太愉快的经历。原来，A 君有一位不错的朋友，典型的北漂族，通过自己这些年的努力打拼，终于在三十过半的时候在北京安了个家。虽然说房子不算大，论地段也已经到了北京的边上了。

但是总归是有了一个家。拿到新房的钥匙之后，这哥们没明没黑地忙活了半年，总算是让一家人搬进了新家。为了庆祝他们的乔迁之喜，几个朋友各自带上自己的爱人一起上他们家里给他们"暖房"。

等他们一行人到了主人家的新房之后，男主人陪着哥们几个坐在客厅里喝茶闲聊。女主人带着几位女士开始参观家里的格局和装修。女主人喜气满面地介绍着，几位女客一边观看一边夸赞。整个场景一派热闹喜庆。等女主人打开主卧室的门，正要向客人们介绍的时候，A君的爱人就忍不住先开了口：

"哎呀！你们家这窗帘真是太好看了。我就特别喜欢这种精密提花的效果，温馨浪漫又有种'轻奢'的感觉，既彰显了贵气又不显得俗气。这个颜色我也特别喜欢……"

"要说这窗帘呀！我们俩可真是没少花心思。为了找到一款自己心仪的，我们几乎走遍了北京大大小小的家居卖场。好在总算是找到了合自己心意的。"

听到客人的夸赞，女主人更是一脸自豪。其他的几位女客也在一旁随声附和，一时之间当真是客主两欢。

"你说的真是太对了，虽然现在窗帘什么的，品牌和样式越来越多，但是要找到一款自己喜欢的也真是不容易。我们家最近也打算换窗帘，看来看去最终也是看上这一款了。今天看到在家里实际的效果，比他们卖场里的还好呢！哎，对了你们家装这一套窗帘花了多少钱呀？"

"我们这是全屋定制的，价格稍微高点。不过我们家房子小，两室一厅三个窗户算下来差不多一万多点……"

"啧，还真是不便宜，估计你是花了冤枉钱了。根本就值不了那么多。"

还没等女主人说完，A君的爱人就给出了评价，一边说话还一边要求，一副惋惜的样子。

这句话说的女主人脸上的笑容开始变得有些僵硬。

"这个，不太可能吧！这家窗帘店的店长是我老公的表姐，我在别处看上这款之后，直接找她下的单。"

"对对对，一分价钱一分货嘛。你们看这用料还有这做工，真不是那些便宜货能比的呢！"

一旁的其他女客赶紧帮忙打圆场。

"你们没弄明白，我没跟别的窗帘比，说的就是这一款嘛。我也是看上这款窗帘好久了，在几家大的家居卖场都让他们做了预算的。他们没有一家报价是超过八千的。"

也许是为了证明自己并没有说瞎话，A君的爱人说完之后还从手机里找出了那几家给出的预算单给女主人看。完全没注意到女主人的脸上一点笑容都没有了……

两分钟之后，女主人就提醒自己的老公时间不早了，该带朋友们出去吃饭了，家里地方太小根本坐不下。后来A君说，在整个吃饭的过程中都没见这位女主人再笑过。而且在所有的女宾当中，女主人跟 A 君的爱人之间隔得最远。后来这个朋友还向 A 君侧面了解当天到底发生了什么，聚会之后的几天他媳妇总是不停抱怨表姐的不是。这让了解情况的 A 君感到很是过意不去，但是又不知道怎么去解释。

坦白说，A 君的爱人，我们之间有过不少的接触。我并不认为她是一位不懂得表达的人。她平时说话给人的感觉就像上面的故事当中她在没有提到价钱之前的状态一样，让别人听着很是受用。让别人听着不舒服是从她对价钱做出一个判断之后开始的，她不单要给出一个是非分明的结论，还会尽力证明自己的这个判断的正确性。她对生活中的所有的事情都是这样，我很明白，这是她的风格。这可能跟她长期从事的职业有关，她毕业于法律专业，在一家律师事务所做了很多年的助理。

但是聊天，恰恰不看重这些。我们有必要弄明白，聊天，我们聊的是什么？更多的时候，我们聊天聊的是感觉，聊的是气氛，聊的是爱好和兴趣。不管是感觉也好、氛围也好，还是兴趣和爱好也好，都有一个共同的预期。那就是，我们要把所有人都当成一类人来聊，感觉上我们是一伙的，把所有人的感觉都聊到同一个频道上来，这就非常棒了。这个时候我们是不太需要判断评价的。因为一个判断，它首先要有一个立场，它得分出对和错来。这样很容易就把聊天的参与者分作正方和反方，只要有了争执和对抗，那聊天也就没有了氛围。就像 A 君的爱人所表现的那样，刚开始聊的时候说

"这窗帘很漂亮""我非常非常喜欢"，这讲的是一种感觉。感觉没有错的，就算是说自己更喜欢另一款别的什么风格也没关系。但是一说到这款窗帘"值不值"那就很容易引发争执，也更容易令主人感到难堪。至于后面的为证明自己观点的正确而找出所谓的证据来的举动，那就更是错上加错了。

说到这里，想到一个关于家庭和婚姻的段子：

说有一个女儿要结婚了，她的父母远在千里之外，没办法参加婚礼。这位爸爸在爱人的提醒下写了一封信作为送给女儿的新婚祝福。这位爸爸在信中给女儿的第一个忠告就是："家不是一个讲理的地方，当夫妇之间开始据理力争的时候，家里就开始布上阴影。两人都会不自觉地各抱一堆面目全非的所谓的道理，敌视对方，伤害对方，最后的结果只能是两败俱伤。多少夫妻，为了一个所谓的'理'变得负心无情。就因为他们不知道，家不是一个讲理的地方，更不是算账的地方。因为家是一个讲爱的地方。"

这位父亲的话，曾经在一段时间内在社会上引起过轰动效应，赢得无数人点赞。在这里我们对这句话稍作改动：聊天不是一个讲立场和对错的场景，我们不需要做过多的评判。当你习惯于在聊天中坚持自己的"理"的时候，多少好友因此而心生芥蒂，多少友谊因此而蒙上阴影。因为聊天聊的根本就不是道理和评判，聊天聊的是一种感觉。所以，要想好好说话，好好聊天，就请多讲些感觉少讲些评价。这是沟通高手每天都在运用的聊天秘诀，我们共勉。

聊好天，需要定一个好的调子

在我们日常聊天中，时时面临着"定调子魔咒"。而且很多时候，我们在聊天的时候一不小心就定错调子，随随便便聊个天就变成了"吐槽大会"。媳妇们在一起聊个天不知不觉就变成了针对各种"恶婆婆"的吐槽会；婆婆们散个步，晒个太阳，三五分钟就能把媳妇的各种罪行变成共同语言。女人们在一起聊起男人，用不多大会就把各自的老公"扒"得底掉。生活中如此，工作中也未必能够幸免，一个办公室的同事只要有扎堆的机会，那单位里的头头脑脑没准谁就会成为他们的靶子。

那么，为什么会这样呢？为什么有那么多的人会习惯性地吐槽和抱怨呢？我们有句老话说：人生不如意事十之八九。人生在世，不管在别人看来是成功还是失败，不管是幸福还是不幸，都会遇到各种各样的挫折和烦恼，这些都会让我们背负越来越多的负面情绪。这些负面的情绪在我们内心不断地积累，总是需要一个释放的出口。简单说，抱怨和吐槽是我们面对负面情绪时的一种本能的反应。但是无数的事实告诉我们，这种本能的反应是非常不理智的，对我们的人际交往和工作都有着非常大的负面影响，尤其是在职场，很可能会因为自己在聊天时的习惯性吐槽葬送自己的前途。

赵宏和刘锐是大学时的好哥们，毕业后进入了同一家公司做动漫设计师。由于公司处于刚刚起步的阶段，很多规章制度还都不是很完善，公司内部员工的分工也不是很细致，所以他们经常会因为老板临时安排的工作而挤掉自己休息的时间。有时候是刚下班回去就接到了老板的电话，不得不赶回公司加班。有时候是周末正准备出去放松一下，就被老板给派了公差。这种状况让两个人都感觉很不舒服，但是因为性格和考虑问题的不同，两个人对此的反应也不相同。赵宏性格急躁，说话不太经过脑子。每次一接到老板的电话就表现得非常厌烦。他觉得老板这样经常占用他们个人时间的行为非常不道德，而且有些工作并不在设计师的工作职责之内，于是就把这种不满变成言语上的抱怨，只要一聊天就开始各种吐槽。一开始是跟刘锐抱怨，后来慢慢地跟其他同事也是如此。只要他一开口聊天，十句话当中就有八九句是抱怨的话，而且抱怨的东西越来越多，慢慢地就不光是抱怨老板了，对公司的方方面面都感觉很不满意。时间一长，身边的同事都开始慢慢有意地跟他保持一定的距离，谁都不想因为他的抱怨而影响自己工作的心情。

而刘锐的态度却大不一样，一方面考虑到公司还在初创阶段，等公司走上正常的轨道以后这种状况就会得以改善；另一方面，自己也是刚刚毕业，经验还很欠缺，正好趁这个机会多学一些东西。面对赵宏的抱怨，他经常开解他不要这样，抱怨解决不了任何问题，只会让情况变得越来越糟。但是习惯性抱怨的赵宏根本听不进刘锐的劝解。直到有一天，老板把赵宏叫进了自己的办公室：

"你说的没错，我们公司确实存在着很多不规范的地方。让你在这么糟糕的公司里上班真的是太委屈你了。不过，我有一个好消息要告诉你，公司决定不再这么委屈你了，你交接一下手头上的工作，就可以去找个自己满意的公司了，再也不用跟别人抱怨了。"其实，老板说这些话的时候，公司发展已经有了很大的起色，比他们刚来的时候，条件已经好了很多，只是这一切已经跟赵宏没关系了。就在赵宏交接工作的同时，刘锐也在忙着工作的交接。不同的是，刘锐把手头的工作交给同事是因为老板有更加重要的事情让他去做。

从这个故事中我们可以很清楚地看到，抱怨和不抱怨的最终结果。有时候舌头慢一点，抱怨少一点，幸福和幸运就会多一点。就拿这个故事中的赵宏来说，他的结局是早就注定了的，因为在老板做出决定之前，他的抱怨就已经毁掉了同事之间的感情。谁都不愿意面去面对一个一开口就是负面情绪的人，工作中是这样，生活中也是这样。

有这么一位看起来非常可爱的女士，身材娇小却不干瘦，由于长期练习瑜伽的原因，步态轻盈优雅，水灵灵的大眼睛，齐肩的秀发，任谁都会觉得可爱。但是实际上，每次朋友们聚会的时候，几乎所有人都不敢单独跟她有超过三分钟的交谈。因为寒暄过后，她就自动开启吐槽模式。孩子、老公、生活的方方面面都是她吐槽的槽点。坦白说，一个原本看起来非常可爱的人，在吐槽的时候真的会变得一点都不可爱，说到激动的时候甚至会有几分狰狞的感觉。问题是如果对方不及时"撤离"的话，就得被迫回应她的吐槽。如果表示赞同，就会不自觉地被她的负面情绪所感染，如果表示反对你就很有可能成为她新的槽点。好好聊天就极有可能演变成一场争执。我的一位朋友曾这样说："我真的再也不想跟她聊天了，那简直就是一种自虐的感觉。"

所以，如果你想好好地享受跟朋友聊天的愉快的感觉的话，你最好在一开始的时候就有意识地为你们的聊天定下一个情绪的调子。这一点非常重要，聊天可以没有一个固定的话题，但是一定要有一个积极的情绪导向。如果，你不想失去一个朋友的话，就请你控制好自己的情绪，不要过多地在他面前宣泄你的情感垃圾。如果你在聊天的过程中，发现对方的话语中有过多的抱怨，不妨及时地给予提醒。你不妨对他说：

"嗨，不如我们聊一点开心的事情好了。"

或者直接告诉他你的感觉：

"这样好像并不能改变什么，我都被你弄得伤感起来了，这话题也过于沉重了，我们聊点轻松的也许会更好一些。"

或者你也可以不说这些话，自动跳过他的那些让人感觉不愉快的话，开始一个相对积极轻松的话题来引导聊天的走向。如果对方始终对你的提醒置若罔闻，或者干脆也自动忽略你的引导的话，那么，你真的应该考虑一下能够让自己抽身离开的理由了。

不过，就像我们在前面说到过的那样，人生不如意事十之八九，谁都有情绪不好的时候，谁都有倾诉的需求。请你一定不要误会，我们是说给聊天定一个积极的情绪调子，拒绝把聊天变成吐槽大会。但并不是说，有了压力一定要自己扛着，跟谁都不说。更不是要你故意忽视朋友的委屈和不开心，或者说当朋友需要倾诉的时候避而远之。适当的倾诉和正确的回应能够很好地拉近情感的距离，真诚的关心和安慰能够让陌路成为深交，也可以让友谊的小船更加稳固。我们要拒绝的只是那种祥林嫂一样的无谓抱怨，和某些看似犀利实则毒舌的吐槽而已。至于如何做到有度的倾诉以及怎么对朋友的适度倾诉表示关怀，我们会在有关"安慰"的章节分享更多的方法，现在我们来介绍几种有效缓解自己负面情绪，避免自己过度吐槽的方法：

三遍书写法。拿一张白纸，在上面写下你所有的负面情绪，比如失望、委屈、困扰、苦恼、愤怒，一张不够就再写一张。让这些情绪的垃圾彻底放空，如果写了一遍感觉还不够彻底索性就再写一遍。不要限制自己，写到自己感觉再也没什么可写的为止。放空以后，那些写着负面情绪的纸，你可以撕得粉碎，丢进垃圾桶。也可以找个安全地方点燃，看着它化为灰烬。总之，你要能看着它们消失，你高兴怎么样都行。不过，在你书写的时候，如果能按照发泄、整理、调整的步骤进行的话，效果就会变得更好。至于那些让你快要失控的负面情绪，你需要写三遍。第一遍以释放为目的，至于什么句式，什么字体这些统统不要管，要的就是酣畅淋漓。第一遍发泄过后再来第二遍，这次可是一定要做到字迹工整，逻辑清晰，在这一遍书写的过程中顺便整理一下思路，思考一下原因。然后休息一下再来第三遍，第三遍是要对第二遍的思考结果给出建设性的建议，找找方法。一旦找到方法，那么，你可要恭喜自己了，原本的负面情绪就成了你的一个契机。借由这个契机你又完成了一次自我提升。

打开对方话匣子，"开关"一定要找准

关于聊天，有一句话让我印象非常深刻：我最害怕跟那些除了本职业务就一无所好的人待在一起了，因为跟他们在一起你经常会感到自己不知道该说些什么。我之所以对这段话有这么深的印象，其实是因为在我们的人际沟通中根本就不存在所谓的不爱说话的人。在这个过程中我们每个人不管是脾气秉性如何都随身携带着一个话匣子，只要这个话匣子被打开，不管他之前是一种什么样的状态都会瞬间变成一个爱说话、肯说话的人。但是，令人感到尴尬的真相就是，人们好像都忘记自己的话匣子的开关了。于是，打开话匣子的任务就落到了沟通对象的身上。这样一来能否准确找到对方话匣子的开关并顺利打开就成了非常考验人沟通能力的一件事。凡是能够做到这一点的人，都是善于沟通的高手。那么，人的话匣子的开关究竟藏在了什么地方呢？不同的话匣子的开关所在有没有共同的地方呢？答案是肯定的。这个问题的答案就在我们开篇提到的那段话当中：我们每个人的话匣子的开关就藏在我们最关心或者最喜爱的事情里面。

从这一角度上来讲，我们也可以说，能够准确发现对方关心或者爱好的人，他们都是善于沟通的高手。不管是在日常生活中还是在工作当中，他的这种能力都将会给他带来很大的帮助。曾经听一个从事出版的前辈讲过他自己的一个故事。这位前辈花费数年的心血，完成了一部书稿的写作，并且得到了心仪出版社的认可，但是却在出版合同的一些细节条款上与出版社出现了分歧。虽然双方都做出了很大的努力，却依旧无法最终达成一致。对于一个醉心于创作的人来说，这种交涉是非常耗费心神的。前前后后谈了七八次，也没有一个最终的结果，这让他感觉很是疲累。无奈之下，他只好选择暂时搁置这件事。

后来，一个偶然的机会，他得知那位一直在跟他接洽的出版社的领导是一位资深的保龄球爱好者。于是，他就主动约这位出版社的领导再谈一次，并且把商谈的地点换成了一家环境非常幽静的茶艺馆。双方见面，寒暄后各自落座。他却不着急谈合作的事情，而是开始跟这位领导边喝茶边闲聊，并在闲聊的过程中无意间提到自己一件比较遗憾的事情：

"昨天我去打保龄球，结果真是太背了，成绩差得自己都不好意思说出口，搞得自己跟自己怄了半天的气。可是又有什么办法呢？打不好却偏偏喜欢打，你说人有时候是不是很奇怪呢？"

他的话还没说，这位出版社领导就忍不住把身子往前探，语气中满是掩饰不住的兴奋：

"哎哟，没看出来呀！你也喜欢打保龄球呀？"

"喜欢是喜欢，可总是找不到手感，弄得自己总是跟自己怄气，身边又没有一个高手可以请教。"

"其实，我也挺喜欢这个活动的，而且几天不摸球就感受手痒痒。"

"那您的技术一定很好吧？"

"还行吧！参加过几次半专业性质的比赛，都拿到过名次。目前最好的成绩是第二名，亚军。"

说起自己的战绩，这位领导的兴致明显高了起来。

"真没想到，我今天是遇上真正的高手了。那您肯定知道很多这里面的道道，您跟我讲讲，让我也提高一下……"

那天在茶艺馆，他们聊了一下午的保龄球。双方相谈甚欢，临分手的时候还相约两天后一起去保龄球馆。但是让他没想到的是，比一起去打保龄球的约定更早实现的是自己跟出版社的合同，而且其中的很多细节都比较符合自己的预期。

这位前辈的故事不难印证我们之前的观点，打开对方话匣子的开关就在他们最关心和最擅长的事情当中。当你谈及他们擅长的、喜欢的或者是关心的事情时，他们就会变得兴致勃勃，聊起来激情饱满，而且他们很快就会把你视为知己。在我们的社交文化中，是讲求人情大过天的，一旦对方肯把你视为知己，接下来不管是你闲谈也好，还是有所诉求也好，都能有事半功倍的效果。

但是真的要做到这一点，光是准确找到对方的话匣子的开关还是不够的，还要能够顺利地打开这个开关才行。怎么打开？就是把对方的兴奋点变成你们共同的兴奋点，只有你们有了共同的兴奋点，他才能把你视为知己。为了方便大家在以后的沟通中更好地打开对方的话匣子，我们分享几个屡试不爽的挖掘共同点的要诀：

1. 关注当下热度较高的话题

现在是一个信息高速传播的时代，一个高度热门的话题一夜之间就能传得妇孺皆知。这些人人都知道的话题就是你们之间现成的共同兴奋点。对一个刚认识不久的人来说这类话题时最保险不过的了，一方面因为他的熟知度，你不用担心他无话可说，另一方面，又不会涉及他的个人隐私，也不会显得唐突和冒失。

2. 找到共同的爱好

如果你意外地发现他的爱好竟然跟你的爱好一样，那么不得不说你真的非常幸运。拥有共同的爱好就等于拥有了天然的共同的兴奋点。你完全可以尽情发挥你在这方面的经验、见解和心得，完全不用担心。哪怕有些地方他不是很赞同，那也没什么关系。他也会因为你们共同的爱好体验而把你跟他归为一类人，至于那些他不完全同意的观点和见解，他可能也会跟你进行深入的探讨。但是，请一定要记住这种探讨越是深入，你们之间的联系就越是紧密。即使是在某些问题上你们争得面红耳赤也丝毫不会影响你们同一类人的感觉的。

3. 如果你们所好不同，诚心求教

如果你并不是那么幸运，你通过自己的努力终于找到了打开对方话匣子的开关所在。但不巧的是，他的兴奋点并不在你所擅长的领域，更不巧的是你甚至对他喜好的东西都不是很熟悉。那么，怎么办？没关系，不擅长不要紧，不熟悉也没关系。这些都是你真心求教的资本，而你的真心求教会给他带来满足感。请不要怀疑，每个人的人性当中都有"好为人师"的部分。满足他人好为人师的需求，也是打造共同兴奋点的有效法门。但是请记住，在请教之前一定要弄清楚他最感到自豪的地方，然后你就以一个小白的身份请大师给予新人几点建议。没准在完成一次高质量的沟通的同时，你还能借机了解一个你原本知之甚少的领域呢！

别端着，学会低姿态、好好说话

我们再来谈谈聊天的姿态问题，我们每个人在说话的时候都是有姿态的。只不过有的人姿态够帅，让人觉得很是平易近人，跟这样的人聊天感觉很舒畅。而有些人聊天的姿势就只是在耍帅，这样的人让人觉得非常装，跟这样的人聊天多半会觉得很憋气。台湾著名美女作家吴淡如就曾经讲到过一位聊天的姿势不够"帅"而被大家认为是架子大的先生。

吴淡如说，那位先生是那次聚会中的"贵客"，是某位朋友好不容易才邀请来的，本意是为了增加这次聚会的"含金量"，但是给大家留下的影响确实非常具有"个人特色"。从吴淡如女士的叙述中不难看出，用非常具有"个人特色"来评价这位先生，已经是非常温和的话了。

吴淡如说，这位年过半百的先生看起来是文质彬彬的，据说是学富五车的饱学之士，年轻时还曾经担任过政府的高职。当时虽然已经是退居二线了，但是余势还在，还是很有一些人愿意为之效劳的。可能也正是因为这样，这样先生虽然已经无权，但是余威不减当年。一开始打招呼就让参加聚会的众人惊诧不已。

邀请他参加聚会的朋友，引着这位先生，向他介绍在在座的其他人：

"这位同桌的 A 君是一位著名的小说家。"

还没等被介绍者谦虚一下呢，这位先生就直接说：

"噢，是吗？但是我从来不看小说，所以我也不认识。"

此话一句，周围一干人等尽皆满脸黑线。但是，这还不是高潮。朋友又介绍一位知名媒体人给他认识，他很干脆地回道：

"噢，平常我很少看报纸，说实话现在的新闻都不值得看。"

听完这位先生的话，坐在旁边的吴淡如女士心中不免有些担忧。因为马上就要介绍到她了，真不知道这位先生会说出什么样的话来。同样心里不安的还有邀请这位先生的人，他也在犯难到底还要不要继续介绍下去。但是，吴淡如女士终于还是被介绍给了这位先生：

"这是知名的电视节目主持人……"

果然，他的回答依然那么扎心：

"我也不看电视，现在的节目都很没营养。不仅我不看，我的孩子从小我都不准他看。"

这么霸道的打招呼的方式，如此罕见的聊天姿态，敢于当面完全否定所有人的行业，不得不说这位先生，他的心真的大得可以。不过，这依然不是故事的高潮。这位不但不认识所有人，不但敢于否定所有人，他还觉得所有人都应该认识他，而且要牢牢记住他。

就在众人都不知道该如何是好的时候，一位漂亮的女士正好匆匆赶到。这时候这位先生一改现在的状况，主动上前跟人家打招呼：

"哎哟，好久不见了，还记得我是谁吗？"

这回轮到这位漂亮的女士不认识了，看她一脸迷茫的样子，显然是真的记不得这位先生到底是何许人也。这让这位先生感觉很是不爽：

"怎么，你竟然不记得我了？"

见人家还是没想起来，他更是不甘心，赶紧自己提醒道：

"咱们可是十年前就认识了的，我还见过你两次。而且，这两次你都是跟不一样的男友在一次。不过那时候你可比现在年轻，那时候还很漂亮……"

也不知道这算不算是提醒，不过就算是提醒也是很糟糕的提醒。几句话，句句扎心。好在，这位女士并不像他那样失态。虽然是依旧没想起来，还是很客气地说：

"非常不好意思，我真的是一时想不起来了，您能不能再提醒一下呢？"

旁边的客人见状赶紧在她耳边小声地提醒这位先生的名姓。这位女士的修养真的很好，也很会说话，一经提醒就赶紧举起酒杯：

"哦，原来您是某某先生呀！我真是太失礼了，竟然没能第一时间认出您来，为了表示歉意，我先自罚三杯。"

这时候，吴淡如女士反而暗自庆幸起来，也多亏这位先生不认识自己。要是认识自己而自己没记起他的话，他还不知道能说出什么样的话来呢！不过这位先生的表现，倒是让吴淡如女士从中悟出了很多东西。吴淡如女士总结说：学富五车，也不如关心别人的感受来得聪明。你越是摆姿态，想要凸显你的重要，就越是会适得其反。相反的，你若是越谦和，人家就会越尊敬你。以摆姿态来凸显自己的行为，是人际沟通中最笨的。

那么想要好好说话，好好聊天，正确的姿态应该是什么样的呢？既不能摆架子、耍姿态来凸显自己的地位，也不能动不动就说些高深新奇的话，来显摆自己的渊博和时尚。最好的方法就是放低姿态，用最接地气的方式聊天。就一句时下流行的话说那就是要学会说"人话"。什么是"说人话"？就是放低姿态用身边人人都能听得懂的话，哪怕是看似不值一提的琐事。就像著名作家丁·马菲说的那样："尽量不说意义深远及新奇的话语，而以身旁的琐事作为话题开端，是促进人际关系成功的钥匙。"不论你的地位有多高，你的学识有多么渊博，你的财产有多么富足，只要你乐于接触身边的人，并乐于把自己的姿态放低，愿意说一些家常话，那人家就会愿意接近你，愿意跟你交朋友。只要你掌握了这个秘诀，你就能想跟谁聊，谁就会好好跟你聊，想跟谁交朋友谁就会跟你交朋友，再也不受所谓的地位、知识的阶层壁垒的影响。

有一个大学的校长，虽然他的学识极其渊博，但是他的身边从不缺"白丁"式的朋友。他好像跟谁都能聊得来，大家也都觉得他一点架子都没有。至今校园里还流传着好多年前的一段佳话。那时候，这位校长还是一位中年人，通讯还不是很发达。有一天，这位校长正在校园里散步，看见一位老农模样的人正在学校的办公楼前面张望，满脸的焦急和迷茫。看样子是要寻找什么人，但是又不知道路。于是，校长就走到老人的身边关切地问：

"大叔，你是不是在找什么人呢？"

老人犹豫了好一会才说：

"我从乡下来找儿子，但又不知道他住在哪个楼里。"

再仔细一问才知道，原来这位老农的儿子在这所大学读书，他从村里进城来找儿子。根据地址好不容易找到学校，一进校园就彻底懵了。什么办公楼、教学楼、宿舍楼什么的，老人哪里会认得。校长问明他儿子的姓名、入学时间和所学专业之后，就带着老人一边走，一边打听。路上为了避免尴尬，校长就主动跟他聊天，聊别的又怕人家听不懂，反而会更紧张，就跟他请教一些村里的习俗什么的，还向老人请教种地的经验和心得。这可是一个农民最得意的事情，一说起这些事情老人就完全没有了刚开始时候的拘谨，一路讲得眉飞色舞。

等他们找到老人儿子的时候，看见校长亲自陪着父亲前来，这位学生感动得不知道说什么才好，而这时他的父亲还正拉着校长聊得热乎呢！后来当老人知道陪自己找儿子的人竟是这个学校的校长时也是惊讶得张大了嘴，连连夸赞：

"校长人真好，一点架子都没有，跟我聊了一路的庄稼活。我还以为他也是庄户人出身呢！"后来的那几年，每次开学的时候，这位老人都会托儿子替他跟校长问好，顺便捎一些家里的土特产。就这样由于校长的会聊天，懂得把姿态放低，说别人能听得懂的话，他无意间多了一个农村的朋友，校园里也多了一段佳话。

最后，再借用一个段子：

有一位文学系的文艺青年对学校门口卖煎饼果子的大妈说："这碎碎的一抹青翠，好似乱坠了嫔妾的眼，平摊于日下，甚是沁人心脾。提神醒脑可是极好的！若忍心炙烤煎熬，蔫萎而焦灼，岂不是辜负了？"

弄得大妈一头雾水，大妈没好气地来了一句：

"听不懂，说人话。"

大妈的一声吼，让这位文艺范十足的孩子浑身一抖，马上规规矩矩地回答：

"大妈，我说的是，我的煎饼果子不要放葱花。"

就是嘛，想好好聊天就得好好说话，好好说话就要懂得放低姿态说人话，说人人都能听得懂的话。一句"煎饼果子不放葱花"多么接地气，非要整出一大段谁都听不明白的甄嬛体出来，也难怪大妈会发飙了。

切忌信口开河，聊天得看场合

学校为两个退休教师举办了一场欢送会。其中一位教师是毕业于某名牌大学中文系、孜孜不倦地工作了几十年的李老师，另一位是曾多次荣获"先进教师"称号的张老师。参会的校领导和同事对两位教师的工作和为人都做了非常得体的总结和评价，但相比之下，大家对得过多次先进的张老师的赞美似乎更多一些。随后，李老师和张老师分别进行答谢致辞，他们都对大家的赞扬表达了溢于言表的感谢，会场的气氛温馨而感人。

原本，欢送会进行到这里是朝着圆满的结局而去的。但是，李老师在最后致辞时似乎还有些意犹未尽，或许是因为大家对张老师的夸奖触动了他的伤感和遗憾，于是他做了欠妥的发言："说到先进，我感到非常遗憾，我从来没得过一次……"

听李老师说到这里，一位与他相处不是很融洽的年轻教师立刻打断了他的话说道："是啊，这事是我们做得不好，凭您的能力和资历是完全够资格当先进的，这不怪您，怪只怪我们一次也没有提您的名啊！"年轻教师的话很明显是在挖苦李老师，他的话一出口，会场一下了充满了令人不快的尴尬气氛。

副校长见势不妙，立刻接过话头，试图缓和一下现场的气氛。但是他的话似乎一点这样的效果都没达到。他一直在反复劝慰李老师，让他不要再在意先进的问题，还说没评过并不代表不先进，先进仅是虚名而已，相比之下，更应该看重事实。副校长的这番话，完全是对本该避而不谈的话题进行了重复和引申，结果使本就尴尬的气氛变得更为尴尬。

这是一个生活中的真实故事，这个故事可以使我们得出几点教训：

首先，李老师不应该做没有意义的比照。比照是谈话中常用的一种方法，如果用得好，可以产生某种积极的效果，但运用比照却要分场合。在退休欢送会这种场合，一般应该说些富有情感的得体的人情话。而完全没必要别人的长处与自己的短处进行比较，从而使自己感到不快，也让原本和谐的谈话气氛变得尴尬。

其次，年轻教师不应该在前辈伤感之时去火上浇油。在自己的同事、前辈将要退休的时候，虽然与他有过摩擦，但在欢送会这种温馨的场合，不应该趁其失言之机就抓住不放，为了一时痛快而说出一些不近人情的刻薄话。这既是对同事的不尊重，也暴露了自己心胸狭窄的一面，从而给其他同事和领导留下不好的印象。不管怎样，欢送会体现的就是一个"欢"字，要尽可能给别人多留一点美好的回忆。

最后，副校长不应该再去碰触敏感话题。原本，在那位年轻教师说了不该说的话而使现场气氛变得尴尬的时候，他应该岔开话题，把话题引到欢送会的主题上，使会场的气氛重新变得欢快，并顺势掀起新的高潮，这样大家就可以忘掉之前的尴尬。可是他却依旧把话题集中在那个是否当过先进的敏感话题上，结果不仅没能缓解气氛，反而暴露了自己作为领导不能把控场面的缺点。

　　由此可见，说话要注意场合，不看场合，随心所欲，信口开河，想到什么说什么，这是"不会说话"的人一种拙劣的表现。因此，在不同的场合，面对着不同的人，不同的事，从不同的目的出发，就应该说不同的话，用不同的方式说话，这样才能收到理想的沟通效果。

拒绝专场，保持听和说的平衡

我们都希望自己拥有一副好口才，但是究竟怎么才算是拥有了好口才呢？曾经在不同的场合跟不同的人聊过这个问题。总的来说，一谈到好口才，大家的第一反应就是"能说"。就像在电影电视里看到的法庭上的律师或者赛场上的辩手一样，只要一开口就如滔滔江水一般绵绵不绝，那才是真正的口若悬河。一段长长的台词说出来，中间都觉不出有停顿的感觉，不等他收场，谁都别想插上一句。

但是一般这时候，笔者会再追问一句，如果你身边有这样一位朋友，你会喜欢他吗？或者是你会喜欢经常跟这样一位朋友在一起聊天吗？这么一问，很多朋友就都笑而不答了。我知道他们多半也是不喜欢的。现实当中我们经常会遇到类似这样的超级能说的朋友，他俨然就是我们身边的"话霸"。有的人把聊天当作是展示自己口才抑或是渊博的秀场，有的人则把聊天看成是竞赛场上的抢答，生怕自己慢了一点，话语权就落到了旁人的手里。但是这些朋友可能都没有意识到，聊天的感觉既不是单一的输入，也不是单一的输出，而是充满互动的形的交流。你只听不说，沉默不语当然算不上是沟通的高手。但是如果只是一味地说，不肯停下来给对方一点机会的话，同样也不会是一个好的聊天者。而且这样的话霸，一旦聊得兴起是很少会顾及场合和对象的，不管什么场合，也不管对面坐的是谁，只要开口，就再也管不住自己了。

陈阳是一家上市公司的副总经理，前几天请一些生意场上的朋友在自己的别墅里举办了一次聚会。快到散场的时候，他发现有一位自己开车来的朋友竟然有了几分醉意，于是安排自己新来的司机开车把这位客人送回家去。几天之后，这位朋友公司来拜访，交谈中看似随便地说了一句：

"非常感谢你那天让司机送我回家，那帮朋友真的是太热情了，说好了不喝酒的，最后也没少喝。多亏有小黄送我，不然我真不知道该怎么办呢！不过，这个小黄还真是很健谈呢……"

虽然朋友说得轻描淡写，但是陈阳还是听出了弦外之音，忍不住皱了皱眉头。他知道这当中肯定有什么问题，但是既然人家不方便明说，自己也不好再问。

在接下来的几天里，他特意留意了一下，才发现这个司机小黄还真不是一般健谈，有一次他出去应酬，没办法多喝了几杯。在回去的路上，酒劲上涌，弄得他有些难受，很想在车上休息一会。但是健谈的小黄却还在不停地说着一些无关紧要的话，这让陈阳心中暗暗有些不快，但是忍着没有发作，闭眼睛听着。但是听着听着，就听出了一身的冷汗。

"陈总，我今天跟张副总的司机聊天，您猜怎么着？他家里竟然养了一条大蟒蛇当作宠物，我的天呀！那东西多吓人呀！要是把一条蟒蛇搁我家里我晚上绝对睡不着觉。"

"您知道吗？刘副总最近一段时间的运气可不怎么好，请了一个据说很厉害的理财师，结果亏得一塌糊涂。听说这几天还到处筹钱呢！"

第二天，陈阳让公司的人力部门调出小黄的简历看了一下，发现他在来公司之前开过好几年的出租车。也许，他的健谈是在那时候养成的。但是，这已经不重要了，陈阳让人力部门通知小黄明天不用来上班了。他真的不敢再留一个健谈的司机在身边，一想起那天晚上让小黄开车去送朋友的事情，再想到几天后朋友有意无意地提醒，真的是有些后怕。

看完小黄的故事，我们终于知道原来"健谈"也不见得是一件好事。以后当别人在夸我们"健谈"的时候，我们就能够听出一些别的东西了。当然有些人过于健谈可能是出于习惯，一开口就收不住。而另外一些"话霸"的情况却不是这样，他们说得过多是因为把聊天看作展现优势的秀场了。相对于习惯性的话多来说，他们的话更像是一种有意为之。

有一位女性朋友相亲归来，大家都迫不及待地问她感觉如何。因为根据去之前的信息显示，这位男士就是传说中的"绩优股"，学历不错、家境不错、工作不错、长相不错，据说口才也不错。这让身边的朋友们都觉得十有八九有戏。谁知道这美女只是幽幽地吐出两个字：

"没话。"

"没话？不是说口才不错的吗？"

"是他没话，还是你没话？他没话你可以跟他说呀！"

很显然，她的两个字的评价彻底勾起了大家的好奇心，朋友们忍不住七嘴八舌地打听着。

"我没话，是因为我没说话，因为我根本就没机会说。不过也不错，就当是我上了一堂科普教育课，可惜的是，一句没听懂。"

在深吸一口气之后，她稳定了一下自己的情绪，跟我们讲述了自己的相亲经历。

原来，在她准时出现在事先约好的咖啡厅的时候，对方已经在那里等候了。这让她在心里默默地给他点了个赞，觉得他非常绅士。而且，本人跟照片上也差不多，也算是比较有眼缘的那种，最起码，她不讨厌。在坐下去的那一刻，她就已经做好认真聊聊的准备了。但是对方开口第一句话，就非常出乎她的预料。

"你知道宇宙是怎么形成的吗？"

"我告诉你，宇宙是由一个点的爆炸形成的。"

对方都已经自问自答了，她还一脸错愕地愣在那里，完全弄不明白状况。不过这没什么关系，对方也似乎也完全没注意到她的窘态。

"那你知道，没有宇宙之前，那个点是在哪里吗？"

"还有，你知道地球为什么会转吗？"

还没等醒过神来呢，又是一连串的问题。同样是等不及她回答，对方就又自动解答了。这还不算完，几个自问自答之后，小伙子就开始系统地讲解起宇宙起源了。刚才还心情不错的她只能一边"欣赏"，一边无聊地喝着咖啡。她虽然心有不快，但是又不忍就此判对方出局，她在等着他停下来。她好趁机换一个别的话题，不过很快她就发现自己再一次误判了当前的状况。因为对面的小伙子越讲越兴奋，就连服务员过来加水的时候都不舍得停下来。

这次她是彻底懵了，除了傻傻地听着根本没什么好做的，有心要说点什么，但是面对如此高难度的问题实在不知道该怎么接茬，只能是强打精神，心中暗暗祈祷这场相亲早点结束……

等她说完事情的经过，旁边的朋友早已笑倒一片。还有人忍不住调侃：

"这哥们是不是脑子太小，搁不下这些知识呀？相亲就相亲，你聊什么宇宙起源呀！哦，闹不好这并不是人家想说，知识太多了自己顺嘴就跑出来了……"

客观一点说，这样的"书袋男"在我们身边还真不怎么少见。这样的人，一般来说，各方面的条件都还不错，自我的感觉更是不错。他们经常会在陌生人面前侃侃而谈那些高难度的问题，让对方感觉完全不能沟通。其实，他们这么做并不是有意要为难别人，而是想给别人留下一个深刻的印象。只不过他们不明白聊天到底是怎么回事，不明白这么做不仅无法做到一鸣惊人，还经常会因此把人给吓退。同样的情况我们在职场中也会经常遇见。

张经理主要负责公司的人员招聘工作，由于公司的发展需要，到某著名高校进行校园招聘。经过一番认真筛选，他从数十位应聘者中挑选出来三名参加最后的面试。

看到第一位参加面试的学生在自己面前坐下，张经理准备向他详细介绍一下这次招聘的岗位职责说明。但是还没等到他说话，就被面试者给抢了先。

"我知道这个职位是做什么的。我面试过好几家公司的这个职位，对于这个职位的工作内容和岗位责任了解得非常透彻。我觉得这个职位对我来说非常合适……"

张经理很想告诉他，就算是同样的职位在不同的公司它的岗位职责也不可能是完全一样的。你之前了解过再多的公司，只要没了解过我们公司，就很有必要再认真听一下。但是他并没有机会这么做，因为对方一直在扮演一个陈述者，完全不给他机会。

后来，张经理聊起这件事的时候感受颇深。他并不认为最后被录取的学生，比其他两个要优秀多少，他之所以会这样选择，是因为只有跟被录取者坐在一起的时候，他们是在聊天，是在沟通。但是其他两位，很显然都是在表演。最后张经理坦言，如果他们弄不明白什么是沟通，什么是聊天，他们就无法摆脱被拒绝的命运。只有当他们不再把聊天当秀场，不再做"话霸"的时候，机会才会来敲门。

废话连篇，不如直截了当

据记载，子禽有一次问老师墨子："老师，一个人说多了话有没有好处？"墨子回答说："话说多了有什么好处呢？比如池塘里的青蛙整天整天地叫，弄得口干舌燥，却从来没有人注意它。但是雄鸡，只在天亮时叫两三声，却吸引了所有人的注意。所以说，话要说在有用的地方。"正所谓"言不在多，达意则灵"。

日常生活和工作中，我们要追求的是用最凝练的话来表达尽可能丰富的含义。话说得是否精彩与长短无关，关键在于是否准确地表达了该表达的意思。对于那些空话套话，没有人愿意听，听多了会让人觉得精神受了折磨，浪费了时间。

《红楼梦》里描写了这样一段：有一次，凤姐让丫头小红给平儿传话。小红从平儿处回来时，把四五件事压缩在一小段话里回禀给凤姐："我们奶奶问这里的奶奶好。我们二爷没在家。虽然迟了两天，只管请奶奶放心。等五奶奶好些，我们奶奶还会让五奶奶来瞧奶奶。五奶奶前儿打发了人来说舅奶奶带了信来了，问奶奶好……"

当时李纨正在凤姐屋里跟她话家常，对于她这个局外人来说，小红的话听得她很是糊涂，于是便问凤姐是什么意思。凤姐笑着说：

"这是四五门子的话呢。"她表扬了小红能把"四五门子的话"用几句话表达出来。

这件事之后，凤姐决定把小红要到自己手下听差。可以说，是小红简洁、准确的言语表达赢得了凤姐的欣赏和信任。

很少会有人喜欢废话连篇、半天说不到点子上的人。要做到说话简洁明快，可从以下几个方面入手：

1. 言简意赅

一般来说，话说得越简明越好，有的人在叙述一件事时说了很多，却无法把自己的意思表达清楚。听者花了很多时间和精力，最后弄得一头雾水。如果你在说话时有这种问题，一定要改正。最好的办法是，说话之前先在心里做一个初步的计划，这样就可以在很大程度上避免一说话就啰唆。

2. 不要用过多的重叠用语

有时候，确实需要用叠句以引起别人的注意，或者加强语气。但如果滥用叠句，就会让语言变得有些啰唆。比如，许多人在疑惑不解的时候经常会说："为什么会这样？为什么？"其实，一个"为什么"足以表达疑惑之意了，多加一个没有任何意义。

3. 同一词语不可频繁出现

一般来说，大家都希望自己的交谈对象是一个语言丰富多彩的人。虽然我们做不到像名人那样，每说到一件事都要创造一个新词，但至少应该在最大限度内使自己的语言表达做到多样化，避免重复使用同一个词汇。即使是一个新奇的词，你在短短几分钟内频繁使用，也可能会令人产生厌烦之感。

4. 不要滥用术语

在平时的交谈中，我们的语言不能太粗俗或者太深奥。如果不是相关方面的专家，术语也尽量少用更不能滥用。滥用术语让人听起来感觉晦涩难懂，不仅不会给你的口才锦上添花，反而会让人感到厌烦。

5. 避免口头禅

有些人在交谈时经常爱说一些口头禅，比如"就是""我认为""很明显""没问题"，等等。无论这些话与所说的内容是否有联系，他们几乎总能脱口而出。这样的口头禅说多了，不但影响说话的效果，而且容易被人当成笑料。因此，一定要将这类口头禅从你的言语中彻底剔除。

6. 杜绝粗俗的语言

常言道："言语是个人学问品格的衣冠。"一个温文尔雅的人，如果一开口就粗俗不堪，那么别人的仰慕之情立刻会烟消云散。其实，这些人中有相当一部分不是学问品格不高，而是在追求语言的新奇中，不自觉地染上了这种坏习惯。

言简意赅，不说废话，这样的人才显得干练。所以在日常交往中，我们应该把话说得简洁一些、通俗一些，这样才能处处成为受欢迎的人，从而获得好人缘。

第三章

CHAPTER 3

说服：给他一个理由，剩下的交给对方

在这个高度发达、竞争激烈的社会，说服力是一种不可或缺的能力，人人都需要具有一流的说服力。一个人的说话水平显示着他的学识、修养及能力的高低。而且，高超的说服力还能带给我们把握自己人生的自信和勇气，为我们创造更多的人生机遇。

说服很难？你需要了解说服的真相

毫无疑问，人人都需要具有一流的说服力。尤其对于正在寻找好好说话的技法的我们，说服力更是一种不可或缺的能力。因为在这个高度发达、竞争自由的社会，我们所讲的沟通是一种全方位、立体化的沟通。你说话的水平显示着你的学识、修养和能力的高低。如果想成为一个能够好好说话的人，那么你的这一能力的很大一部分都将体现在你的说服能力上。不仅如此，高超的说服力还能使我们在人生的旅途上获得更多的机遇。而且，它还能带给我们把握自己人生的自信和勇气。

也许这么说，多少会有一些鸡汤的嫌疑。那么我们换另外一种更加生活化的说话方式。在我们的工作和生活中，有一个不可否认的事实就是，我们都希望与身边的人永远保持意见和见解上的统一。但是我们无法把这种希望永远都寄托在"英雄所见略同"上。没错，这当中的某些时候，不同人的意见和见解是会出现"不谋而合"的情况，但是你一定要明白这只是一个小概率事件。更多的时候，因为我们每个人脾气秉性、知识储备、生活经历，尤其是看问题的角度和立场的不同，我们实在无法做到所有人都对同一件事具有相同的想法。面对这种情况，如果不懂得说服的话，毫不夸张地说，你的人生最终将会彻底失控。就譬如你是一名销售人员，你不能指望所有的顾客都对你所销售的产品一见钟情，进而主动要求你把产品卖给他们。再譬如你在追求一位心仪的姑娘，如果她不主动对你投怀送抱，你就要就此放弃了吗？如果真是这样，那非常遗憾，这样的人恐怕十有八九将会孤独终老了。再譬如，你带着孩子去商场，见到什么就要什么是孩子的天性，显然，作为家长肯定不会是这么认为的，那你不去说服他还能怎么办？如果你真的由着孩子的性子来的话，那么失控的就不只是你的人生了，还有下一代的。

　　但是，即便如此，还是有人会拒绝说服。笔者把部分拒绝说服的人群叫作"说服恐惧症患者"，跟这类人相似的还有一类人叫作"拒绝恐惧症患者"，"拒绝恐惧症"又叫作"取悦症"。我们在后面讲到如何拒绝时会有更加详尽的介绍，现在我们只说"说服恐惧症"。其实，"说服恐惧症"和"拒绝恐惧症"两者之间有着非常相似的深层次原因，那就是害怕矛盾冲突，担心因此产生争执，他会在争执中失去更多。曾经有很多患有"说服恐惧症"的朋友告诉笔者：

　　"我知道很多时候我们的感觉和意见都是不一样的，但是那又怎样？我觉得那是他的自由，如果我试图改变他的话，他很有可能从此变得不再友善。"

　　"我不想勉强别人，更不想因此而产生更严重的冲突。与其如此，还不如保持现状的好。"

"你知道吗？要想说服别人，就得告诉人家，我们自己没有错，错的是他们。我可不认为这么做是一件简单的事情。"

当然，在表述上还有其他类似的说法，不过他们的核心意思大抵如此。非常感谢他们能够说出自己内心的真实想法，也很庆幸他们终于把这些想法说了出来。要不然要说服这些朋友改变自己原有的想法，从一个"说服恐惧症患者"变成一位积极说服坚定支持者，进而成为一名善于说服的沟通高手，笔者还真是一时难以找到合适的突破口。不过，好在他们最终还是把那些想法说出来了。"害怕冲突、害怕争执、害怕因此失去更多、害怕说服失败的尴尬"，这些几乎是所有的说服恐惧症患者最最关心的问题。但是同时，这也是高明的说服术的优势所在，但凡一种说服技巧能被认为是高明的，就一定能够妥善解决这些问题。我们只要弄明白说服的真相，就极有可能说服那些"说服恐惧症患者"放下原有的观点。因为，正中靶心。

我们先来谈谈，到底什么是说服，首先说服并不是冲突和对抗。没错，虽然说服的过程中会不可避免地发生争论，但是我们并不能就此认定，说服就是争执。任何一种高明的说服术都不会提倡在说服中采用对抗的姿态。而且，无数的事实证明，越是采取对抗，说服的结果就越是糟糕。不过，我必须得承认，在我们的身边存在着太多并不太懂得说服之道的说服者。他们往往会因为一个无关痛痒的小事，想当然地以为所有没跟自己保持一致观点的人就都是错误的，然后才用非常拙劣的说服技巧来让别人屈服，从而导致了针锋相对的激烈场面，更激烈一点的甚至还会敲桌子打板凳，火药味十足。在这种激烈的争执下，每一方都在试图压倒对方，严重的还会破坏彼此的关系。我猜，这就是为什么很多"说服恐惧症患者"会说自己不愿意发生争执，也担心会因此失去更多的原因所在。因为我们都讲究眼见为实，而这些事实也确实存在，而且概率并不是很低。

但是，需要说明的是，能够引发这种争执的说服者都不太明白说服的真相，说服的基本原则是拒绝对抗，谋求双赢。美国纽约大学演讲系的两位教授用了七年的时间才得出这一核心结论。在长达七年的时间当中，这两位教授亲赴各种场合，亲自聆听各种人之间的实际争论，并认真记录每一场争论的细节，然后再通过自己的严谨归纳、整理、对比和分析。两个人通过坚持不懈的努力，终于在七年之后得出了这样的结论：那些职业的政治家、联合国的代表都很少能够说服对方，他们取胜的机会远远比不上商店的营业员、公司的员工。最主要的原因就是政治家们总是在这一过程中选择采取对抗的姿态，他们总是热衷于怎么能够击败对方。但是那些销售人员和公司的职员不同，他们总是能够帮助对方解决一些顾虑和担忧，从而让被说服的一方主动同意自己的观点。也就是说，在那些政治家之间展开的更多的是一场结局为零的争吵，而销售人员进行的是一种双赢的说服。这才是我们所说的说服的真相所在。

我们每个人的一生的每一个阶段都需要去说服别人，无论是在公司面对自己的上司、同事、下属和客户，还是在生活中面对自己的朋友、爱人、长辈和子女，我们都需要说服他们接受我们的思想和观念，让他们认同我们的组织文化，让他们欣然同意我们希望做的事情。尤其是在当下这个时代，我们要不断学习新的知识、技能，这时候说服力对于我们来说就更加重要了。不过，在学习各种说服的方法之前我们需要解决的首要问题就是我们对于说服真相的认知问题。这是一个基础，只有弄明白了这一点，我们才能有足够的信心和勇气。那么，说服到底难不难？答案就是，说服别人并没有想象的那么难，就像美国总统林肯说的那样："无论别人如何恨我，只要他们给我一个开口的机会，我就可以把他们说服。"只要掌握了适当的方法，就连那些恨我们的人，我们都可以去说服，更何况大多数情况下我们面对还是不仅不恨我们，反而跟我们有着各种紧密联系的人呢？

说服只需要一个"利他"的理由

在上面的一节结尾我们说到说服到底难不难的问题，我们说不难。只要方法合适，就连那些非常恨我们的人，只要开口就能说服他们。按照事情的发展逻辑来看，接下来我们是不是应该教给大家一些具体的说服技巧呢，这是非常有必要的。因为不管说得再多，道理再对，如果不能拿来就用并能够取得很好效果的话，那也没什么用。我们绝对不会做这样的事情，但是我们也并不准备马上就开始展示技巧，因为我们有比具体的技法更重要的事情需要跟大家聊一聊。那就是关于说服的第一原则：所有的说服都是被说服者自己观念的转变，我们能做的不过是给他一个转变的理由而已，不过这个理由是需要"利他"的。也许是要解决他在现实中遭遇的一个难题，也许是引导他弄懂一个思想上的疑惑，或者是满足他更高层次的自我认可的需求。总之，要跟他的切身利益息息相关。当然，针对他的需求你可以直接给他一个明显更有利的选择，也可以让他在两害相权的思量中做出明智的选择。只要能准确把握这一点，不管站在你对面的是一个什么样的人，你都能找到合适的方法来说服他。我们来看一个例子：

古时候有一个谋士，出了名的足智多谋，而他最擅长的就是说服别人。也正是因为如此，他被派往别国去做说客。他所出使国家的国君也早就听说了他的聪明才智，就召来文臣武将商量对策，想要杀一杀他的锐气。当时就有人出了一个计策，国君以为不错，就依计而行。

在谋士到达出使国的那一天，国君就带领众人陪着谋士来到郊外的一处深沟前。然后国王让人从随从的队伍里叫出三个人来。这三个人都是他们提前物色好的，第一个是以勇敢著称的，但是这人却是个有名的刺头，动不动就跟别人对着干，越是让他往东他就偏偏要往西去，但是非常看重自己勇士的名头；第二个人胆量一般，但是非常爱财，经常会为了一丁点的好处跟别人争得不可开交；第三个人则是懦弱胆小得很，凡是有一点危险的地方就死活不肯向前。

国君让人把这三个人叫到面前，对这位谋士说：

"听闻先生足智多谋，尤其是当说客的手段，更是无人能敌。今天有幸得见先生，能否让寡人也见识一下呢！"

谋士不卑不亢地回答：

"幸得大王垂青，愿听大王吩咐。"

"你看眼前的这道深沟，深不见底，一不小心便会粉身碎骨。先生能否说服这三个人都从这深沟上跳过呢？"

这分明就是在故意刁难，一个要命的深沟，三个不肯配合的说服对象，只靠说服的技巧让他们自愿跳过去，难度之大，可想而知。

这位谋士略作思虑，答道：

"愿意一试，恳请大王允许我单独与他们交谈几句。"

国君应允，谋士先后来到这三人面前，各自与他们低声交谈几句，又分别在他们的耳边低语数声。然后就看见三个人依次来到深沟前，毫不犹豫地跳了过去。这让国君和一帮文臣武将感到非常不可思议，就问谋士是怎么做到的。

这位谋士微微一笑，揭开了谜底。原来他在跟他们三人简单交谈之后了解了他们的脾气秉性，之后就对每个人各说了一句话。他对第一个胆大之人说的是：

"如果你今天不敢跳过这深沟的话，今后就要一辈子被叫作胆小鬼。"

他对贪财之人说的是：

"跳过去的赏金百两，不敢跳的罚薪三年。"

对胆小之人说的是：

"若奋力一跳，未必能死。若畏惧不前，当即处斩。"

此话一出，众人尽皆恍然。也对，对于把名誉看得比生命还重要的人来说，你跟他说不做就会被人当作胆小鬼，就是必死之地他也会义无反顾。那个贪财之人也是如此，有了财富的诱惑在前，就是豁出命去也不在话下。至于那个胆小之人，胆小之人怕死没错，但是他求生的欲望更是强过他人，有一线的生机也会抓住不放，更何况跳过去未必就会死。

这就是我们说服术第一原则的最佳诠释，不管是什么样的人，只要给他一个符合他们需求的理由，他们就会变被动为主动。也只有准确把握这一原则才能透过林林总总的说服技巧的表现，直达说服的本质。也只有能看到这一点，才能真正体会到，说服其实是一件非常简单的事情，才能坚定你也能成为说服高手的信心，如果带着这份体悟再来看林肯总统说的那句话，才能够彻底明白他说这句话时的自信与从容。我们再来看一个更加贴近生活的例子：

张萌是一家电器商场的金牌销售员，他们商场的叫法是"销冠"，也就是销售冠军的意思。当然因为她在销售方面的出色表现，她也是我们重点关注的对象，现在我们是不错的朋友。我们来看看她是怎么在说服顾客的时候给对方一个理由的。

曾经有一次，有一位大姐来商场看洗衣机。张萌带着她把店里所有牌子、型号的洗衣机都看了一遍，也都做了详尽的介绍。但是这位大姐还是无法决定买还是不买。虽然没能下定决心购买，但是这位大姐一点要走的意思都没有。这时候，张萌知道，这位大姐只是需要一个能说服自己的理由，而且这个理由很可能不在洗衣机本身。于是，张萌也不着急让顾客做决定，而是让她坐下来喝口水，稍作休息。而在期间，张萌只字不提洗衣机的事，而是跟大姐聊起了家常。闲聊中张萌得知，这位大姐的婆婆前不久瘫痪在床上了，家里需要洗的东西一下子多了起来，需要换一个更大功率的洗衣机来洗被褥什么的。但是家里的小洗衣机也还能将就着用，不过那些大件的被褥之类的就得靠自己手洗了。婆婆生病已经花了不少钱，如果只是为了让自己轻松一些就再花钱买一台更大的洗衣机，家里人会不会有意见。

了解到这些以后，张萌明白，单靠洗衣机本身性能，已经没办法让这位大姐说服自己了，于是就问这位大姐：

"大姐，您的孩子多大了，已经上学了吗？"

大姐回答：

"还没有，不过再过两个月就该上了。"

张萌心中豁然一亮，大姐需要的理由也许就在这里了：

"到时候您又要照顾婆婆，又要收拾家务，还要辅导孩子的学习，真的是要辛苦您了。"

"谁说不是呢？不过我辛苦一点倒没什么，就怕到时候忙不过来，影响了孩子。"

说起来大姐也是一脸的愁容。

"说得太对了，大姐，尤其是刚上学的孩子，正是在打基础的时候，就更需要家长的关心和辅导了，咱们总不能让孩子输在起跑线上呀！"

"又有什么办法呢，自己的婆婆病了，做媳妇的也不能撒手不管。况且婆婆平时待我挺好的。"

"阿姨可真是有福气呀！不过大姐，要是有一台更好用的洗衣机的话，您就不用手洗那些被褥了。把节省的时间和精力用来照顾老人和孩子，我觉得家人肯定会支持您的。"

"对呀！其实我倒是不在乎自己是不是辛苦，关键是孩子的学习真的不能耽误。婆婆和老公要是知道我因为省这点钱而影响孩子学习的话，他们肯定会责怪我的。"

于是，问题就从买新的洗衣机会不会被家人认为是乱花钱，变成了如果不买耽误了孩子的学习会不会受到更大的责难了。这种情况下，洗衣机就非买不可了。这位大姐需要的就是这样一个理由，有了这个理由不仅不会让自己有因为偷懒而乱花钱的愧疚感，反而会有一种孩子的教育大于一切的自豪感。这么棒的理由，想不说服自己都难。

想让他做什么，就给他什么样的自我认知

这次我们先来听一个故事：

鲁丝·霍普斯金太太是一位小学老师。在她所执教的学校有一个出了名的"坏孩子"，这个孩子叫汤姆，是全校最淘气的一个。每次学校重新分班的时候，老师们都会因为汤姆被分在哪个班而争论不休，因为没有一个老师愿意让汤姆在自己的班上。如果汤姆被分在了哪个班，不高兴的还不只是老师，就连那个班的孩子的家长也会跑来抗议。

但是这次，在重新分班之前霍普斯金太太主动找到校长，要求把汤姆分在自己带的班。没想到却遭到了校长的反对，原因是校长担心霍普斯金太太班上孩子的家长会不满。因为一直以来霍普斯金太太所带的班上的孩子都是全校最优秀的。

"您应该知道这孩子有多淘气，不管他在哪个班，每个学期都会有老师不断跑来告状。他可不是一般的恶作剧高手，跟孩子打架、逗哭女同学、对老师无礼、上课扰乱课堂秩序、下课在教室的墙上乱写乱画。如果您愿意听的话，我想我可以用一整天的时间来讲述他的恶行。最糟糕的还不是这些，从一年级到三年级他每学期都待

在不同的班里，从来不听任何一位老师的教导。相信我，没有一个老师能够说服他改过自新的。"

"但是，校长先生。他还没有在我的班里待过，我想我能够让他变成一个优等生。"霍普斯金太太并不想放弃。

"我想您应该知道这是为什么。我可不敢把他放到全校最好的班里去。如果那样，那些优秀的孩子的家长是不会答应的。"

"可是他的各项成绩都很好，学校教的那些东西，他都可以很轻松地学会。我觉得如果看成绩的话，我完全可以要求他到我的班里去……"

无奈之下，校长选择了妥协，但是有个条件，两个月之后如果汤姆还是原来那个样子的话，就不得不调到别的班里去。但是让所有人都想不到的是，两个月之后汤姆完全变成了另外一个人，根本看不到他身上原来的任何一种毛病。因为在新学期开班时，霍普斯金太太对班里的孩子这么说：

"玛丽，你穿的衣服很漂亮。""乔治，我听说你画画很不错，以后有机会一定要教一下班里的其他同学。"……

当轮到汤姆时，她看着汤姆的眼睛说："汤姆，我早就听说过你，他们说你总是能够很轻松地学会学校所教的任何东西，而且掌握得特别熟练，要知道能做到这一点可是非常了不起的。我想你有必要告诉同学你是怎么做到的。另外，我觉得你是一个天生的领导天才，你有那么强的领悟和学习能力，还有很多的时间和旺盛的精力。你知道，领悟能力和精力旺盛是一个天才不可或缺的能力呢！所以，这一年我准备让你来帮我把这个班级变成全校最好的。"

在接下来的一段时间里，每次遇到汤姆，霍普斯金太太都会跟他再一次强调这些，而且，每当汤姆有所改进的时候，她都会告诉汤姆：

"我就知道，我说的都是对的，你就是有我说的那么优秀。"

结果就是，两个月之后，汤姆变成了一个很优秀的孩子，虽然还没有霍普斯金太太所描绘的那么优秀，但是汤姆正在变得越来越像那个样子。

故事讲完了，我们来说说在故事里我们都能看到些什么。在我们的生活中有一种实用效果非常好的说服技巧叫作"戴高帽"，只要你这顶高帽给得巧妙，听的人就会戴得很开心，而且只要是对方戴上了你的这顶高帽，就会按照你的预期行事。这种技巧我们很多人都在用，你有没有留意过那些在电影电视里出现的乞讨的人，他们都是怎么说话的，他们一开口就是抛出一顶高帽。他们把所有人都叫作"好心的先生""好心的太太"或者是"好心人"，因为他们需要一个充满同情、懂得怜悯的"好心人"，所以一开口就把人叫作"好心人"，一旦你接受了这顶好心人的"帽子"，就会诱发你身上的某些"好心人"的特质。虽然司空见惯，但是真的好用。从这一技法的使用上来看，每一个混得还不错的乞丐都是这方面的高手。

还有就是我们接触到的商场里的那些销售精英，如果他们想要说服你认同一款款式比较潮的衣服，他就会给你一顶"高帽"。如果你戴上了，你就会认为自己是一个走在时尚前沿的先锋人士，你就应该喜欢那些能够引导潮流的新奇款式。如果不这样做那就太OUT了，不配被叫作时尚先锋。但是如果逛的是一家古典风格的家具店。他们多半会在不经意间跟你聊一些传统韵味、古典美和文化积淀之类的。恍惚之前，你也会觉得自己就是一位深受中国传统文化熏陶的儒雅之士。你要是选家具的话你就得选那些洋溢着东方古典美学气息的酸枝、花梨、檀木、楠木的家具，再不济也得是南榆北榉。

他们使用的其实都是这种技法，这在沟通心理学上叫作预期法则，简单说就是：你想要说服对方说出什么样的话或者做出什么样的举动，就先要让对方认为他就是能够说出这些话或者做成这件事的那个人。我们在上面看到的那个霍普斯金太太，她在跟"坏孩子"汤姆的沟通过程当中使用的就是这一法则。事实证明，效果不错。我们在教育上有一句名言叫作："鼓励和赞美能让白痴变成天才，批评和谩骂能让天才变成白痴。"之所以会这样，就是因为我们在鼓励和赞美的时候会让对方觉得他就是一个值得夸张和赞美的人。他接下来就应该做一些符合这个身份的事情，说一些符合这一身份的话。如果你只是一味地批评和谩骂，就等于给了他一个负面的身份认知，他就会觉得他就是你嘴里的那个失败者，他就是有那么糟糕。你说的有多糟糕，他就能变得有多糟糕，这都是预期效应的原因。

在我们的生活中更是不缺乏这样的例子，譬如我们遇到两口子吵架或者是各种家庭矛盾的时候，我们会请一位沟通的高手前来劝架，进行调停。这时候如果你注意听就会发现，这位调停的聪明人从来不会在一个人情绪激动的时候，说一些批评的话，即使他已经表现得很过分了。如果是婆媳之间的矛盾，明显是媳妇的不对，这时候这个劝架的人会单独跟这个媳妇沟通，一开始会怎么说？我们不妨做一下假设，看看这些话是不是有似曾相识的感觉：

"这么多年我都是看着你们过来的，我知道你是个好孩子，通情达理又能吃苦耐劳，这些大家都是看在眼里的……"

"我知道你是一个好媳妇，家里里里外外的事情你也没少费心……"

"我们家某某平时最懂事了，既懂得心疼老人，又懂得照顾孩子……"

在进入正题之前的开场白，大抵如此。不为别的，就是为了给对方一个正向的身份认知。或者用现在流行的话叫作正向的"人设"，给对方一个积极的人物形象设置，等待对方的认同。这些明显带有褒奖色彩的人物设定，再冠以当事人的名字，还真没有几个人能够当面表示反对的。如果真有什么不得不说的话，那也会等到对方进入这个身份设定之后再说。一般在当事人表示认可或者没有表示反对之后，就会有一个"但是"。这个"但是"的转折之后才是真正要说的批评或者规劝之类的话。因为现在当事人已经认可自己的身份设定了，他就得按照这个身份设定的标准来思考问题。所以，一些平时听起来有些刺耳的话，这时候接受起来也就会容易很多。

但是如果相反呢，那另外的一个场景就是这样的。

夫妻两个吵架拌嘴，妻子怒火中烧，口不择言：

"这么多年了，你从来没有主动关心过我，也从来没有关心过这个家，你算什么男人，你就是个无耻的浑蛋。"

这样，妻子的话就等于给了丈夫一个非常消极的身份设定，一旦丈夫在激动之下接受了这个身份认定，那情况就会变得非常糟糕。照这个逻辑发展下去，这个丈夫接下来要说的话很可能就是：

"你说我是无耻的浑蛋是吗？对，我就是个浑蛋，而且还很无耻。我现在就让你看看我这个浑蛋到底有多无耻……"

在这样的情绪支配下，再加上这个如此负面的形象设定，接下来会发生什么样的事情，当真是不敢想象，因为现在这位丈夫的行事逻辑就是这个负向形象设定的行事逻辑，而一个"无耻的浑蛋"做事是没有底线的。

你只负责引导，让他自己来做决定

关于说服，我们再来介绍一个好用的技巧。关于如何高效地说服别人，好用的方法非常多，没办法一一叙述。但是我们必须要再次强调这些技巧都是建立在说服第一原则之上的，所以在此我们再一次重申说服的第一原则：所有的说服，我们都无法代替对方做决定，我们所能做的不过是引导，决定还得让他们自己来。

在这方面，美国总统罗斯福给我们做了非常好的榜样，我们都知道罗斯福是一位非常有天赋的政治家。他的政治天赋的一个重要体现就是他的一流的说服技巧，这一点在他还没有成为总统的时候就已经表现得淋漓尽致了。在他还是纽约州州长的时候，就使得州议员被迫同意了很多令他们非常不高兴的改革措施。但是，令人意外的是，这种情况下罗斯福竟然还能与他们保持着良好的关系。他所采用的说服技巧就是他只负责引导，真正的决定必须要让对方来做。因为只有对方自己做出的决定，他们才会尽力去说服自己。我们一起看看他是怎么具体实施这种说服技巧的：

那时候，每当一个重要的职务出现空缺的时候，即使罗斯福心有自己的一套选人标准也不会直接提出来。因为很多时候罗斯福看上的人都是一些真正能做事的人，这样的人选并不符合那些议员们的心意。相比较而言，他们更愿意推举一些跟自己的利益关系更加密切的人来补缺，即使这些人的品行和能力都不过关也无所谓。如果这时候罗斯福直接提出自己心仪的人员跟他们讨论的话，势必会引起他们的强烈反对，这样一来那些最合适的人选就会成为激烈争执的牺牲品。

所以每当这时候，罗斯福都会邀请所有的州议员一起来推荐合适的人选。其实，这时候罗斯福心里非常清楚，他们不会一下就将合适的人选推荐给自己。事实也正是如此，往往在一开始的时候，那些议员们为了自身的利益会首先推荐对自己最有利的人选，但是这些人无论在能力还是人品上都很差劲。这时候罗斯福就会告诉他们，你们推荐的这些人选显然并不符合职位的要求，任命这样的人恐怕是谁都无法同意的。

然后，他们就会推荐比原来好一些的人。这些人选多半是一些不求有功但求无过的人，这些人谨慎有余、干劲不足，显然也无法通过任命。这时候罗斯福会告诉他们，这都是一些不错的人，但还不是他们要找的人，他们需要一些更有激情和活力来做更多的事情的人。

虽然两次的推荐都没有得到合适的人选，但是罗斯福并没有将权力收回或者替他们做决定，而是把自己需要的人选描绘得越来越具体，以此来引导他们按照自己的标准来推荐。果然，第三次他们在推荐的时候，如果用通用的标准来衡量的话，这些人的品行、能力、活力都没有什么问题，但是在履历、经验和特长方面，与目标职位的契合度还稍有欠缺。

这时候罗斯福就会对这些议员表示由衷的感谢，感谢他们推荐了一些非常不错的人，同时也诚恳地请求他们再接再厉，找到最合适这个职位的人。一般来说，经过前几次的引导之后，第四次他们总是能够找出最合适的那个人来。这时候罗斯福就会向议员们表达诚挚的感激之情，感谢他们推荐了如此优秀的人。他就是要让议员们感到，之所以这个职位上会有这么优秀的一个人，完全是因为他们一再努力的结果，这个功劳是属于他们的。但是同时，罗斯福也在传达另一个意思，那就是虽然推荐的过程有些曲折，但是我始终都很尊重你们推荐人选的权利，也很重视你们推荐上来的每一个人。因为，我在尽一切努力来使你们感到高兴。很显然，现在我做到了这一点。那么接下来你们就该做点什么来让我高兴一下了。

这就是他那些"文职法案""特别税法案"能够顺利通过的原因所在，坦白说那些议员并不是真的认同这些法案，也不希望这个法案通过。他们这么做无非就是在罗斯福让他们感到高兴之后，他们也得做些什么来让罗斯福也高兴一下。而这就是他们用来让罗斯福也高兴一下的事情。

我们来分析一下罗斯福这种说服技巧的高明之处。在这一过程中罗斯福前前后后一共四次恳求那些州议员们向他推荐合适的人选，但是自始至终不会向他们提出他想要任用什么样的人，而是通过一次次的否定来引导他们，引导他们最终给出自己想要的结果。而且还特意让这些议员们认识到，最终的决定是你们提出来的，我只是表示赞成而已。这就是他的真正高明之处，这让整个过程看起来好像是州议员一直在占据着主动。虽然他们几次推荐的人选显然都不能够胜任，但是罗斯福并没有因此责备他们，而是再次恳请他们推荐更合适的人选。这就是罗斯福说的"我是为了使你们感到高兴"。这样的结果就是，罗斯福最后得到了符合自己要求的补缺人选。还让这些议员感到了高兴，让他们觉得罗斯福任命了他们推荐的人选这是一个很大的人情，他们得还。于是，他们就得通过支持其他法案的方法来使罗斯福高兴。这就是罗斯福的说服技巧：一直在引导，从不做决定。这样的最大好处就是，可以很轻松地就让被说服的对方从被动转化为主动。说服者在得到自己想要的结果的同时还能收获一份感激，有时候这份感激之情还能使其得到更多意想不到的收获。比如说，那些议员因为这份感激而支持罗斯福的其他改革方案。

其实，不只罗斯福会使用这样的引导术来说服对方，使对方化被动为主动。我们的生活中同样不缺乏这样的说服高手。我们再来看一个例子：

黄鑫刚刚进入一家公司做销售总监，他知道进入这家公司对自己也是一个极大的挑战。因为他即将面对的是一群自由散漫、毫无斗志的销售员。原来的销售总监，也就是他的前任，是一位单打独斗型的销售高手，并不太懂得怎么调动销售人员的积极性，几乎是靠自己的个人业绩勉强支撑了一段时间。不过，一个人就算是再能干，又怎么能撑起整个团队呢？所以，在他离职之后，留给黄鑫的就是这么一个毫无生气的队伍。

所以说，现在黄鑫面临的最大挑战就是能否说服手下的这些销售员，改变这种状态。所幸，黄鑫也是一位说服激励的高手。经过一番准备之后，黄鑫把所有的销售人员聚在一起召开第一次全体会议。

"大家好，我叫黄鑫，新来的销售总监。大家对我可能不太熟悉，同样我对大家也不太熟悉。我不准备做自我介绍，我只是想知道，你们最希望新来的销售总监是一个什么样的领导。还有，你们希望公司能够做出什么样的改变？"

也许是因为对前任销售总监的单打独斗行事风格积累了太多的不满，黄鑫的问题就像是在装满水的木桶底部开了一个口子。各种希望，带着不满的情绪喷薄而出。

"我希望不要像原来的总监一样，只知道自己逞英雄，我们需要支持的时候根本找不到人。"

"我希望您能够多给我们一些签单的机会。不要让我们沦为廉价的发单员和电话业务员，只让我们撒网，等着领导来收获。"

"我希望能有更多的学习机会，从来不给我们充电的机会，也不给我们一些指导，我们怎么能成长起来呢？”

"我希望能给出更好的激励措施，我们不怕付出，但是我们怕付出没回报。"

……

员工们一个接一个地说出自己的不满和希望，虽然一开始发泄情绪的成分比较大。不过到后来，大家变得越来越理智，提出的希望也就越来越客观。黄鑫一边听着，一边认真地在黑板上做记录。等到大家都说完了之后，黄鑫又提出了一个问题：

"我在这里答应大家，你们提出的所有合理的希望，我都会呈现给你们。不过，我想知道，我能从你们那里得到什么？"

对呀！自己的希望和要求全部提出来了，人家也表示同意了，自己总得拿出足够的诚意来吧！于是，大家也纷纷站起来表态，像什么爱岗敬业呀！团结奋斗呀！每天拜访多少个客户呀！每天打多少个电话呀！积极配合工作需要随时加班呀！黄鑫还是一边听一边做记录，然后把这些整理归纳起来。然后告诉员工：

"大家这么积极让我充分看到了大家的诚意，不过我需要再确认一下，这些承诺，你们能不能做到？"

话是自己主动说出来的，谁也不会说自己做不到。于是，大家纷纷做出保证：

"肯定能做到。"

"绝对没问题。"

"决不食言。"

"我们怎么说，就会怎么做。"

等到话音渐落，黄鑫也用充满激情的声音告诉大家：

"非常感谢大家愿意用自己的承诺换取公司的改变，我会把你们的希望和承诺都永远留着黑板上，让它看着我们一起兑现承诺！"

通过黄鑫的这一番引导式的说服，不用说你也能想象得到团队的变化，这就是引导式说服术的力量。当然，有时候在引导时需要给一点诱饵。黄鑫巧妙地通过员工的愿望，引导员工化被动为主动。在这一过程中有哪些地方印证了我们的说服第一原则呢，请自行对照。

换个话题，用情感的一致促成观点的一致

说到说服，我们第一个能想到的方法就是讲道理。这句话固然没错，我们说服一个人的时候确实离不开摆事实和讲道理，不过有些时候，光靠讲道理并不能达到说服的目的，尤其是双方的立场不一致的时候，就会形成你讲你的道理，他讲他的道理，到最后谁也说服不了谁的局面。这种情况下如果不及时改变策略，就会使得沟通面临崩盘的危险。这时候最明智的做法就是先停一下，让沟通的节奏慢下来，也让沟通的双方都冷静一下，可以聊一些其他相对轻松的话题。这当中对说服最有利的话题莫过于那些能够增进感情、让大家首先在情感上达成一致的话题了。你应该相信，情感的力量是巨大的。就像法国著名作家罗曼·罗兰说的那样："情感是一种巨大的力量，在它面前，纵然是坚冰也能被融化。"

因为我们的很多决策都是非理性的，而这非理性的部分就主要被情感和感觉掌控着。所以，我们说服的时候不能忽视了情感对决策的重要作用。一定要让我们的语言所负载的信息，除了理性的信息之外，尽可能多地注入情感因素。美国历史上最伟大的总统之一林肯，就是用情感来说服的天才。

我们来说一个当林肯总统还是一名律师的时候打赢的一场官司。林肯在这场诉讼当中的表现，堪称是以情动人的精彩展示。这场诉讼的主诉人是一位老妇人，她的丈夫在美国独立战争中牺牲。这位烈士的遗孀从此无依无靠，只能依靠那点微薄的抚恤金艰难度日。但是，令她没想到的是，最近她去领取抚恤金的时候，负责管理抚恤金的出纳却故意为难她，要她缴纳占抚恤金一半的高额的手续费。

这位老妇人实在没有办法，就找到林肯哭诉，请求林肯做她的代理律师帮她讨回公道。林肯听完老妇人的哭诉之后感到非常气愤，同时也感到非常为难。因为那个出纳员只是口头向这位老妇人进行勒索，并没有任何证据留下。更让林肯感到为难的是，当时除了两位当事人之外并没有其他人在现场，当然也就不可能找到任何证人。如果从讲事实摆道理的角度入手，只怕是到了法庭上也只能是各执一词，无法确保这场诉讼的胜利。但是林肯还是答应了老妇人的代理请求。

果然就像林肯之前想象的那样，到了法庭上被告矢口否认，坚决不承认自己有勒索的行为，并反咬一口说老妇人诽谤。庭审现场一度对原告非常不利，就是在这样的情况下，林肯开口了。

林肯经过冷静的分析之后，并没有一开口就把矛头指向被告，而是转身面对听众席上的观众，用他那极富感染力的声音描绘当年的独立战争。随着他们讲述，人们仿佛看到了在那个战火纷飞的岁月里，那些为了自由独立而舍生忘死的英雄在冰天雪地里浴血奋战的情形。听众们被林肯的讲述勾起了无数对战争与英雄的回忆。他们的情绪彻底被林肯所感染。很多人开始忍不住哽咽，眼睛里有泪花在闪动。当在场的所有人都为战争中牺牲的英雄所感动的时候，林肯开始悄悄进入了正题：

"现在，这早已成为历史，一位 1776 年的英雄早已长眠于地下，可是他那衰老的遗孀却在我们的身边。可以想象，这位老人从前也是一位美丽的少女，曾经有过幸福的家庭。但她为战争付出了亲人，变得贫穷而无依无靠，只得向我们这些享受着先烈们争得的自由的人们求助。朋友们，难道我们能熟视无睹吗？"

当林肯说完这些，把目光转向被告的时候，人们愤怒的目光也一起射了过去，刚才还故作镇定的被告在人们愤怒的目光下也心虚地低下了脑袋。那些被林肯彻底打动的人们有的流着眼泪表示要帮助这位可怜又可敬的老妇人，有的则忍不住要扑过去痛殴被告。最后，在所有听众的一致要求下，法庭对被告的行为提出了严厉的谴责，并做出了保护烈士遗孀不被勒索的判决。

现代心理学的研究表明，人的言行很大一部分是由情感决定的，在很多时候情感对人行为的影响比理性还要大。不懂得在说服中运用情感因素的人绝对不能算是一个会沟通的人。就像我们上面看到的林肯的例子，如果林肯坚持摆事实、讲道理，那结果如何恐怕就很难说了。

　　下面我们再来看销售之神是怎么在自己的销售过程中成功运用这一技巧的。

　　我们都知道，早些时候有一个人被称为销售之神。他的这个称号绝对不是某些人诡异吹捧而得来的。他是经过吉尼斯世界纪录大全认可的世界上最伟大的推销员。从 1063 年到 1978 年他一共推销出去 13001 辆雪佛兰轿车，连续 12 年荣登世界吉尼斯世界纪录大全销售第一的宝座。他所保持的世界汽车销售纪录，至今无人能破。这个人就是来自美国的乔·吉拉德。但是，让很多人都想不到的是，这位销售之神在 35 岁之前都患有严重的口吃，也就是说那时候的他连话都说不太利索。那么，他那些惊艳的销售业绩是怎么取得的呢？让我们从下面这个故事中来寻找答案。

　　有一天，乔·吉拉德的雪佛兰汽车展销室里走进来一位女士。这位女士想买一台白色的福特汽车，但是很不巧，福特汽车的推销商刚好有事出去了，让过一个小时再来。她对乔·吉拉德说，她只是过来休息一下。

　　"非常欢迎您到我们这里休息。那么您是准备买一台什么颜色的车呢？"

　　乔·吉拉德有意不强调车的品牌。

　　"今天是我 55 岁的生日，我打算买一款白色的福特汽车送给自己做生日礼物。"

　　这位女士看似不经意地又强调了一遍她中意的是福特汽车。

"夫人，祝您生日快乐。"

听完这位女士的话，乔·吉拉德决定不再继续在车的话题上做过多的停留，而是转身跟身旁的助手低声交代了几句。助手出去之后，乔·吉拉德一边陪着这位女士闲逛一边聊着其他的日常话题，不再提车的事。

过来一会，助手捧着一束花走了进来，乔·吉拉德把鲜花递到女士的手上，再次对她的生日表示祝贺。没想到他的这一举动让这位女士感动得热泪盈眶：

"非常感谢您，先生。您知道吗？我已经是个 55 岁的老太太了，好久都没有人送过礼物给我了。不得不说，您跟那些只知道推销汽车的人比起来，真的是太不一般了。而且，还有一些人甚至连怎么推销自己的汽车都不会呢！我本来是想来买一辆白色的福特汽车的，但是那个销售员看我是开着一辆旧车来的，就以为我买不起，推说要出去办事，让我等一个小时再过去。现在想一想，也没必要非得买福特车不可呀！"

没错，乔·吉拉德又一次成功了。最后这位女士在他的店里买了一辆白色的雪佛兰轿车。想想，这有点像之前在网上流传的那个"踢馆"的段子。

这个段子大概是这样的。

有一个人走进联通营业大厅，对业务人员说："业务员，办一张移动的卡。"

业务员大怒，吼道："滚！你是来踢馆的吗？"

这位走进雪佛兰店里一心想要购买福特汽车的女士，初看起来也有几分要来"踢馆"的意思。这时候如果作为销售人员，如果只盯着卖车这个话题不放的话，十有八九会闹得不欢而散。乔·吉拉德的过人之处就在于，当这个话题暂时无法达成一致的时候，及时转换话题，从感情上打动对方。

非常巧合的是，笔者几年前在一家家具卖场销售实木家具也遇到过类似的情况。那是一对老夫妻，被一家卖软体家具的销售员给"追到"我们店里的。那是一个非常努力的小伙子，叔叔阿姨在去他们店里之前其实是比较中意另外一家的产品的。只是因为价格的原因逛到了那里。这一切都被这小伙子看在眼里，所以从两位老人一进店他就努力介绍自己的产品，并找一切机会"开黑"，所幸两位老人修养好，虽然极不喜欢这种做法，却也不好当面驳斥。不好找借口离开，但是这位极其"敬业"的小伙子，竟然一路追随跟出了店门。被迫无奈，两位老人直接坐挨近洗手间的那部直梯，从一楼直接来到四楼"避难"。那时候我们的实木家具店是开在四楼的。

叔叔一进来就说："小伙子，我们老两口走累了，在你这歇歇脚。但是我们并不准备买实木的家具。"

"没关系，叔叔阿姨只管进来就是了。我给您倒杯水，店里有其他的顾客的时候我就先招呼他们，不忙的时候就陪您二老聊聊天。"

给他们沏上两杯茶之后我就忙自己的事情去了，不忙的时候就过去陪他们聊聊家常。一直到商场闭馆的时候两位老人才离开，这中间我们没有聊过家具的事情。只是我在帮其他顾客介绍的时候，他们坐在一旁静静地听着。

没承想一周之后，他们带着儿子、儿媳再次来到店里指明要找一个光头的年轻人。同事赶紧招呼我过去。最后他们购买了我们店里的一套北美白蜡木的全实木家具，并且在这之后两位老人闲暇的时候还会来店里坐坐，聊聊天。这期间还介绍了好几位老邻居来买家具，后来虽然我离开了家具店，但是我们之间一直保持着联系。

第四章

CHAPTER 4

恭维：高明的恭维需要瞄准人性的"痛点"

对赞美的需求是人性的一部分，而恭维就是能够发现别人的优点，并能给予充分而恰当赞美的真善良。

不好意思？只需要弄懂恭维和谄媚

我们现在要讨论的话题可能不是每个人都会待见。或许就在看到这一章标题的时候，就有一些人忍不住跳起来了。

"什么？我们竟然要讨论怎么恭维人的话题？我可是一个正直的人，我可不认为我有学习这种技能的必要。"

"我是不可能做出这种事的，我也不愿意学，虽然你可能要告诉我，这样能够让我得到很多实惠，但是我不能出卖我的人格。"

"拉倒吧兄弟，我这人说话比较直，向来都是有一说一的，你可别教我一些虚头巴脑的东西，这样会让我看不起你的。"

"我可是靠自己的手艺活着的，用不着来巴结人的那一套，我也看不上那样的人。"

诸如此类的话，我早就听过很多遍了。所以，我们在讲"四维沟通术"的时候一再强调，要想学会好好说话，我们先得让自己想说话、有话可说。就像上面我们看到的这些观点一样，在恭维方面无话可说的根本原因就是根本不想说，或者是不屑于说。跟我们在讨论说服话题时一样，在介绍技法之前，我们首先要解决怎么才能让他们自动自发说话的问题。事实上，"说服恐惧症"和"不屑恭维"

都是自我在思维上安置的枷锁，如果不能拆掉思维里的这个枷锁，那我们所有的努力都将是徒劳。

关于恭维，我们来看看那些一向被我们所敬仰的人是怎么说的吧！毕竟榜样的力量是巨大的。他们的一句话，可能胜过笔者的千言万语。

我们先从最熟悉的人说起，南怀瑾，我们的"南师"，相信不用做过多地介绍了，关于恭维，他是这么说的：

"对别人勇于直言不讳地批评是品性刚正的表现，但善意地恭维别人也是世间必不可少的。不管别人怎么认为，我总觉得，多说别人一些好话更对一些。"

我们再说一个远一点的，美国第十四任总统——里根。出身于美国的一个平民家庭，当过水上救生员，当过业余游泳教练，还在好莱坞拍过电影。后来成为美国历史上最杰出的总统之一。如果要问这位平民总统身上最大的特点是什么？里根在 78 岁生日宴会中接受英国《镜报》记者采访时这么说：

"在我 14 岁的时候，我的母亲对我们说，千万别忘了发现别人的长处，多说别人的好话。从此以后，我牢记这句话，甚至在梦中也不忘赞美别人。可以说是我的母亲塑造了我的一生。"

里根总统说，是他的母亲塑造了他的一生。那么他的母亲塑造他一生的具体方法就是教会他千万别忘了发现别人的长处，也千万别忘了要多说别人的好话。里根总统正是牢记了这一点，甚至在梦中也不忘去赞美别人，这才让母亲的话在他的身上产生了奇迹。

我们再来看一个，日本著名佛学家、社会活动家池田大作。关于恭维，他的话是这样的：

"为了个人阴暗的私利而极尽溜须拍马之能事只是可鄙的小聪明，但是看到别人的优点能够坦荡地赞美别人，却是胸怀宽广、能成大事的表现。"

以上几位重量级的人物，不管是国内的还是国外的，他们都是站在说话者的角度来说的。那么，对于那些听者来说，他们是不是真的需要呢？我们不妨换个角度，再听几位名人的观点：

原一平，日本的推销之神，曾经连续 15 年在日本国内保持全国保险推销冠军。看看他是怎么说的：

"推销的秘诀在于研究人性，研究人性的关键在于了解人的需要，我发现对赞美的渴望是每个人最持久、最深层次的需要。"

由此可见，对赞美的需求是人性的一部分，而且是最持久、最深层次的需求。需要说明的是，人性的需求是所有人类共有的。它不会因为人种、肤色或者国界的不同而有所改变。那么，这种对赞美的需求在我们的生活中到底能起到多大的作用呢？我们来看看美国商界奇才鲍罗齐的话：

"赞美你的顾客比赞美你的商品更重要，因为你的顾客高兴你就成功了一半。"

听完这些之后，如果你还是要说，这些都是一些偏理论的场面话而已。没关系，我们再来看几个更加直白的。

亚伯拉罕·林肯，美国第十六任总统。他的处世名言是：

"人人都需要赞美，你我都不例外。"

美国著名作家、幽默大师马克·吐温：

"一句赞美的话能当我十天的口粮。"

怎么样？"一句赞美的话能当我十天的口粮"，这话说得够直白了吧！但是如果你觉得说服你改变关于恭维的认知，还需要给出更给力的数据的话，那么，我们就来分享一组数据好了。

来自一项人才调查的调查报告显示：

"中国每 100 位头脑出众、业务过硬的人士中，就有 67 位因人际关系不畅而在事业中严重受挫，难以获得成功。他们共同的心理障碍是：难以启齿赞美别人。"

美国《幸福》杂志下属的名人研究会对美国 500 位年薪 50 万美元以上的企业界高级管理人员和 300 位政界人士的调查结果表明：

"其中，93.7％的人认为，人际关系顺畅是事业成功的最关键因素，而最核心的就是要学会赞美别人。"

日本东京过敏素质研究会深刻总结了日本战后迅速发展的原因：

"日本国民的一大优点就是，对外人不停地鞠躬，不停地说好话。可以说，善于发现别人的长处，善于赞美别人是日本走向世界的一个重要原因。"

到这里为止，关于恭维我们说的已经很多了。但是我知道，这还不够多。根据以往的经验来看，要想说服别人彻底放弃原来的想法、喜欢上恭维的话，还需要解决另外一个问题：

"你可能是误会了，我的意思是我不喜欢恭维，但是这并不代表，我不会去赞美别人。"

如果你也是因为这个问题而没办法让自己喜欢上恭维的话，请你往前翻到南怀瑾大师的那句话：

"对别人勇于直言不讳地批评是品性刚正的表现，但善意地恭维别人也是世间必不可少的。不管别人怎么认为，我总觉得，多说别人一些好话更对一些。"

再把这句话结合池田大作先生的那句话：

"为了个人阴暗的私利而极尽溜须拍马之能事只是可鄙的小聪明，但是看到别人的优点能够坦荡地赞美别人，却是胸襟宽广、能成大事的表现。"

当你说我可能误会了你的时候，我就知道你所抗拒的、你所不屑的并不是恭维本身，而是看起来跟恭维很像的"谄媚"而已。你一直因为谄媚而对恭维表现出抗拒和不屑，也正是你品行刚正的重要表现。但是，在把南怀瑾大师和池田大作先生的话放在一起读的时候，聪明的你就不难发现谄媚和恭维的区别：

谄媚不过是为了个人阴暗的私利而极尽溜须拍马之事的可

鄙的小聪明。

恭维是能够发现别人的优点，并能给予充分而恰当的赞美的、坦荡的真善良。

那么，到这里为止，原本不喜欢或者不屑于恭维的你，是不是已经对恭维有了新的认识呢？如果你的答案是肯定的，那么恭喜你，你已经迈出了成为一个恭维高手的第一步，也是最重要的一步。如果你的答案是否定的，那么很遗憾，请你把本节的内容再读一遍。

赞美是聊天时最动听的话

在现实生活中，有许许多多的人不习惯赞美他人，结果往往由于不善于赞美别人或得不到他人的赞美，从而使自己的生活缺少很多美好愉快的情绪体验。对赞美者来说，需要做的或许只是"张口之间，举手之劳"，而就是这样一个简单的举动，带给被赞美者的可能是终生美好的回忆和不懈的努力奋斗。既然赞美对我们的生活如此重要，那么我们还有什么理由吝啬对别人的赞美呢？

喜欢被赞美是人的天性之一，正如林肯说的那样："每个人都喜欢赞美的话，你我都不例外……"每个人都会因他人的赞美而得到自尊心和荣誉感的满足。

有一个朋友说过自己教育儿子学钢琴的事。儿子 8 岁的时候，朋友给他买了一架钢琴，但是男孩非常顽皮好动，很少会安静下来好好学习弹钢琴，朋友的妻子常常因此训斥他，然而这似乎一点也不起作用。于是，朋友开始想办法，希望儿子能喜欢上弹钢琴。

一天下午，当男孩为了应付父母随便弹了一段曲子之后正要溜走时，朋友叫住了他说："儿子，你刚才弹的是什么曲子，怎么这样好听，爸爸从来没有听过这么好听的曲子，你再给爸爸弹一遍吧。"男孩听了爸爸的话，非常高兴，便愉快地又弹了一遍。接下来，朋友又鼓励他弹了其他几首曲子，并且告诉他说这些曲子都特别好听。就这样，一个月之后，男孩弹钢琴的兴趣慢慢被培养起来了。

从那之后，每天放学回家后，男孩做的第一件事就是弹钢琴，天天如此，雷打不动。说起这件事，朋友颇为自豪。

这件事给我们的启示就是：成功的灵丹妙药就是鼓励和赞美。

赞美是对他人关爱的表达，是人际关系中一种良好的互动过程，是人与人之间相互关爱的体现。恰当运用好你的赞美，不仅会让你在社交中获得好人缘，还会在工作中帮助你获得好成绩。

玛丽是美国的一位图书推销高手，她曾自信地说："我能让任何人买我的图书。"她推销图书的秘诀只有一条：赞美顾客。接下来，就让我们来看看她是怎么卖出图书的。

有一天，玛丽出去推销图书，遇到了一位气质高雅的女士。当时玛丽只是刚刚开始使用赞美这个法宝。那位女士听说玛丽是推销员后，脸色一下子就阴下来："我知道推销员都是很会奉承人的，不过我不会相信你的鬼话，你还是别浪费时间了。"玛丽微笑着说："是的，您说得很对，推销员就是专挑好听的话说，说得别人忽忽悠悠，不过像您这样的顾客却是很少的，您有自己的主见，从不会受别人的支配。"这时，玛丽细心地发现，女士的脸色开始好转，而且还问了玛丽一些问题，玛丽一一认真地给出了回答。最后，玛丽大声赞美道："您的形象给了您高贵的个性，您的语言反映了您头脑的敏锐，而您的冷静又衬托出您的气质。"女士听后开心得笑出声来，答应买一套她的书。

随着推销经验的逐渐丰富，玛丽总结出一条人性定律：没有不喜欢被赞美的人，只有不会赞美别人的人。

又有一天，玛丽到一家公司推销图书，很多员工都挑选了各自喜欢的书。大家正准备付钱时，突然进来一个人，他大声说："这些跟垃圾似的书到处都有，买它干什么？"

玛丽正准备对他微笑时，他却一个箭步冲过来说："千万别向我推销你的书，我肯定不会要，我保证不会要。"玛丽微笑着慢慢说道："您说得很对，您怎么会买这些书呢？有眼力的人都能看出来，您的文化修养和气质超凡脱俗，如果您有弟弟或者妹妹，他们一定会以您为骄傲，一定会非常敬重您。"

"您怎么知道我有弟弟妹妹？"那位先生似乎来了兴趣。玛丽说："当我看到您时，能感觉到您有一种大哥风范，谁有您这样的哥哥，一定是上帝最眷顾的人！"接下来，那位先生和玛丽聊了十多分钟，最后以支持玛丽这个妹妹为由为自己的妹妹买了两套书。

玛丽在日记中这样写道："我心里非常清楚，只要能跟我聊上3分钟，顾客不买我的书，那是不可能的。因为要改变一个人最有效的方式是传递信心，转移情绪。"她写下了一条人性定律："人是感性左右理性的动物。如果一个人的感性被真正调动了，那么他想拒绝你比接受你还要难。而要想迅速控制一个人的感性，最有效的方法就是恰如其分的赞美。"

如果公司的管理者能适时地给予员工一些赞美和鼓励，在这种充满激励的环境中，员工一定能信心大增地完成任务。相反的，如果管理者只说些打击士气的批评的话，那么就会影响员工的积极性，从而为公司的发展带来负面的影响。

千万别小看赞美这个小小的举动，它不但可以唤起人们强烈的工作热情，还可能改变他们对人生的态度，使他们对自己的人生多一个选择。因为一句赞美的话，很可能会就此改变一个人的观念和行为，甚至会改变他的命运。

同在一家公司上班的小陈和小赵素来不和。

有一天，小陈对同事小王说："你去告诉小赵，我真是受不了他了，让他改改坏脾气，否则没有人会愿意理他的！"

小王说："好吧，我会处理好这件事的。"

第二天，小陈在公司的茶水间遇到了小赵，小赵突然变得既和气又有礼，和以前相比，简直是判若两人。

小陈事后向小王表示谢意，并且好奇地问："你是怎么跟小赵说的，怎么效果如此神奇？"

小王笑着说："我对小赵说：'有很多人都称赞你，尤其是小陈，说你既聪明，脾气又好，人缘又佳！'如此而已。"

责备和批评只会带来更大的怨愤和不满。如果你的目的是为了改善状况，何不试试夸奖和赞美的方式呢？

心理学家说，男人在外面的世界和工作中寻求肯定，女人走出家庭抛头露面是为了悦人。身边的太多事实告诉我们，在与人相处的过程中，如果我们对别人表示有信心，对方真的也相信自己能够做到，那么一定会想方设法完成既定的目标，这就是赞美的力量。

恭维他人不是贬低自己

今天是老师公布考试成绩的日子，原本成绩平平的 A 这次竟然考了全班第五。这样大的进步让全班同学都为之暗暗喝彩，他自己更是高兴得不得了。在老师面前也终于敢于直视老师的目光了。同学 B 论成绩是班级绝对的王者，他的成绩从来没有跌出过前三。这次看到 A 取得了这么大的进步，也是打心眼里替他高兴，就找机会来到 A 的面前说：

"恭喜你喽，这次能取得这么大的进步。你这次的成绩真的把很多人都给'震住'了，看来真的是下了苦功夫了。就是跟我的成绩比起来，也只差了七八分，真是不可思议。"

一炮走红的 A 这时候正沉浸在胜利的喜悦当中，听到 B 的话自然感觉非常受用。可是听着听着，脸上的表情就变了。B 还要继续说下去，A 就把眼睛瞪起来了：

"你是什么意思？是不是觉得你天生就应该比别人优秀呢？那在你看来，我要比你低多少分才算是合乎情理呢？"

B 被 A 这突如其来的诘问弄得一时之间没有缓过神来，结结巴巴地说：

"我根本不是那个意思，我是说你这次的进步很大……"

"进步再大也比不上你是吧？我天生就应该比你差是吧？我看你就是见不得别人好，我还没超过你呢，你就开始这么挤对我了。"

"你可别不识好人心呀！我根本就不是那个意思……"

两个人越说越激动，最后吵得不可开交。同学们纷纷赶来劝解，从此之后两个人都很少搭理对方了。

这就是一句恭维引发的风波。为什么一片好心去恭维别人结果却弄得不欢而散呢，这都是有话不好好说的原因。因为在 B 看来，恭维别人就等于是在贬低自己，这是非常丢面子的事情，所以 B 在恭维别人的时候还不忘给自己找回面子。他之所以会这么想、这么说，都是因为对一个常用的恭维技巧理解不当而造成的。这个恭维的技巧就是"在恭维别人时放低自己"。举例说明：

当我们在恭维别人在某方面做得超出一般人成绩的时候，我们经常会说：

"我在这方面就和你差得很远……"

或者说：

"我怎么就做不到这么好呢？"

当别人学习某项技能进步很快的时候，我们经常会说：

"你学得真快，我在这么短的时间内就很难做到。"

当别人做一道菜味道非常棒的时候，我们经常会说：

"这道菜我也经常做，就是做不出这么好的味道来。"

坦白说，这是一种非常好用的恭维技巧，尤其是对那些"不善言辞"的人来说最为实用。因为主动放低自己的姿态，就等于是变相抬高了对方，自然就会赢得对方的好感。这也是非常符合人性的特点的，因为在通常情况下，我们总是希望自己能够受到别人的重视，都会本能地抬高自己的地位。一旦你能克制这种本能的冲动，主动把自己的姿态放低，就能把这种被抬高的感觉让给别人。这样一来能够让别人感受到你是在真心赞美他，另外还能使别人觉得你是一个格外谦和的人。这种做法，比你多说多少话都要管用。

主动放低自己的姿态，这句话说起来简单，但是做起来却并不是谁都能掌控好的。因为它虽然对语言表达技巧的要求很低，但是对人的情商要求却更高了，尤其是对自我满足的欲望的克制，如果做不到这一点，就只能是适得其反。就像我们刚看的故事当中的 B 一样，他之所以能把一句恭维演变成一场风波，就是因为无法克制自我抬高的本能冲动，一边在恭维别人，一边还要下意识地暗示自己做得比人家还要好。所以说，主动放低自己的姿态，这是一个高情商人士的游戏。如果能够做到这一点，别人并不会因此而看轻他分毫，相反还会因为他的真诚和豁达而对他愈加敬重。

在抗战刚刚胜利的时候，张大千要从上海返回四川的老家。在他动身之前，同在上海的一些老朋友就张罗着为他饯行，并邀请梅兰芳等人一起作陪。在当时，梅兰芳和张大千都是非常受世人尊敬的人，两个人也是相互闻名已久。但是在这次饯行宴席上，他们两位却是第一次见面。初次相见，气氛难免会有些拘谨。于是，在安排座位的时候，众人都请张大千坐首座，但是张大千却笑着说：

"梅先生是君子，应坐首座，我是小人，应陪末座。"此话一出，四座皆惊。众人都不解张大千先生这话里的意思。被称作"君子"的梅兰芳先生更是隐隐有些忐忑不安起来。

张大千见状笑着解释道：

"不是有句话叫作'君子动口，小人动手'吗？梅先生唱戏是动口的，我作画是动手的。所以，我理应请梅先生坐首座。"

话音一落，满堂宾客为之大笑，并深深地为老先生的谦和豁达所折服。最后，众人在笑声中安排两位并排坐在首座。张大千主动放低自己的姿态，在梅兰芳面前自嘲为"小人"、称对方为"君子"，初听起来似有自贬之意，但是在梅兰芳和其他人看来，不仅不会看轻张大千，反而会更加敬重张大千的胸襟、气度和机智。

敢于把自己的姿态主动放低的人，其内心必定是充满了自信的，所以名人也是敢于自嘲的居多，就是因为他们时时刻刻都自信满满。

比如说，那位每次一出场就说"亲爱的朋友们，我想死你们了"的冯巩，他就是一位敢于把自己的姿态放低来恭维别人的人。有一次，冯巩在主持节目的时候就说：

"今天，由长得难看的我与中央台的美女周涛一起来主持……"

台下观众一听，顿时掌声、笑声响成一片，整个现场的气氛一下子就被他带动起来了。观众们也不会因为冯巩说自己长得丑就开始嫌弃他，被冯巩恭维的周涛也就更加不会了。而且，冯巩敢于这么做，也是来自于对自己的才华和吸引力的自信。

恭维还是讽刺，主要看虚实

曾经有个朋友跟我抱怨说自己有一个同事非常虚伪，总是说一些口是心非的话。夸别人都让别人觉得很不舒服，那种感觉怎么说呢？就是让别人感觉他的恭维从来都不走心，与其说是恭维还不如说是讽刺。他就等于是明明白白告诉你，我就是那么随口一说，你可千万不要当真。所以我们都非常讨厌他，每次他准备要夸谁的时候，对方马上就会叫停，直接说："免了，你直接说实话吧！"

想想也对，如果一个人恭维会带给别人那么糟糕的体验的话，还真没几个人能受得了这样的恭维。不过话说回来，这样的人未必是真的虚伪，能把恭维的话说得让人那么难受，更大的可能是他在说话的方法上出现了问题。因为一个懂得好好说话的人，即使他有些虚伪，也不会那么容易就被看出来。为了进一步弄清楚事情的真相，我就在朋友提起这件事的时候接着问了一句：

"比如说呢？"

"比如说，有天早上他对公司的一个女同事说：'你今天真漂亮。'然后对方说：'是吗？是因为这件新买的衣服吗？'他就直接愣在那里了，然后说：'啊，是吗？'那天那位女同事刚买了新衣服，第一次穿着上班，听他这么说，还以为是说她穿着这件衣服显得更漂亮呢！结果他回了人家一句：'啊？是吗？'再比如说有一次，他碰到一个男同事，他跟人家说：'你昨天的表现真棒。'人家说：'也没什么了，签下这个单子主要是因为我运气好，侥幸、侥幸。'谁知道他一脸茫然地回答：'啊？昨天签下本季度最大单子的原来是你呀？'这场面，脑补一下，尴尬不？"

还真是，根据这位朋友的叙述自行脑补了一下当时的场景，果然是尴尬得一塌糊涂。不过在尴尬之余，也总算是弄明白他的问题出在哪里了。要知道当你夸一个人"真棒""真漂亮"的时候，他的内心深处立刻就会有一种心理期待，迫切地想听听下文。你的这个下文要能证明你所言非虚，他就是有你所说的那么棒，或者她真的有你所说的那么漂亮。他得知道他究竟棒在哪里？或者她到底是哪里漂亮？如果你不能做到这一点的话，那么很遗憾，你前面那些恭维的话还不如不说。当这种情况发生在一般情况下，对方的心理预期不是特别强烈的时候，对方会下意识地以为你说话不走心，满嘴跑舌头。如果是在特殊的情况下，对方身上刚好发生了一些变化或者是刚巧做了一件以为能够得到夸奖的事情，这时候他的心理预期就会变得非常强，如果在这种情况下，你都不能把恭维的话说得更具体一些，在强烈的心理落差作用下，他就很有可能以为你的恭维是在故意找碴。上面刚刚说的那位就是一个典型，人家一个是刚穿了一件新衣服，一个是刚刚签了一个大单，这种情况下听到你恭维的话，心理预期该有多么强烈。恭维的话被他说到这种程度，也难怪会没朋友了。

请记住，说恭维话一定要落到实处。如果在恭维之后不能做到自证其言，就请发现值得恭维之处再说。如何才能做到在每次说恭维话之前都能提醒自己呢？请在每次开口恭维别人之前多问几个"Where"。为了加深大家的印象，我们来分享一个跟这个"where"有关的段子：

有一个生意做得很大的老板，带着自己的夫人和翻译到国外去谈生意。各自落座之后，外国朋友就对这位老板说：

"您的太太真是太漂亮了！"

听到人家夸自己的媳妇漂亮，这位老板虽然知道这只是生意场的客套话，不能过于当真，但是心里还是很高兴。出于东方人特有的含蓄，便笑着谦虚了两句：

"哪里，哪里。"

没承想，他带来的这位翻译，水平并不是太高，被老板这两句自谦的话给弄懵了。一时之间，不知道怎么翻译才好了。但是不翻译又觉得不合适，最后一咬牙，直接翻译成："Where？ Where？"

这位外国朋友一听，心想这是什么路数？非要说出哪里漂亮吗？但是既然人家问了，自己不说也不好呀！更何况西方人天生就随性、外向，说说也无妨，于是就很认真地说：

"比如说眼睛，眼睛就非常漂亮。身材也很好。还有气质，气质也很好。"

这回老板一听，知道是翻译闹了笑话。但是听起来还是很受用，比刚才那句"您的夫人很漂亮"听起来感觉好多了。尤其是坐在一边的老板的夫人，听完之后更是笑成了一朵花。在后来的商谈过程中，这位夫人还为对方说了很多好话。

当然，这只是一个段子，博大家一笑。但是这个段子给我们的启示却是实实在在的，希望我们下次在开口恭维别人的时候能够想起这个段子，也能在这个时候多问自己几个"Where"，比如说漂亮在哪里？好在哪里？他哪里表现得很棒？哪里值得我佩服？等等。如果能做到这一点，你的恭维一定会因此触动对方，甚至产生神奇的效果。

可是，就算我们记住了每次开口之前就问自己这个"Where"，但是说到底，它最多也只是一个提醒，并不能解决实际的问题。有没有办法能够帮助我们解决这个问题呢！下面给大家分享几个方法：

1. 走心是第一位的

把恭维的话说得具体，重要的一点就是一定要走心，就是要用心观察对方。只有这样才能说出他的优点。关注的程度越高，你就能把他的优点说得越具体。比如，在某个人发表演讲之后，你走上前去想说几句恭维的话，这时你说得具体与否就取决于你对他的这场演讲的关注程度。如果你听了一个大概，那你虽然对他的措辞和演讲把握得不是太准确，但是你最起码能知道他说的大概是个什么意思。如果这时你想对他说几句恭维话，你就只能在他演讲的主旨上做文章。你可以告诉他，你对他的观点深表认同。他说出了你想说而又不知道怎么说的话，你对此深表钦佩。也就仅此而已，再说的多了就会变得虚伪了。如果他跟你探讨演讲当中提及的某个案例，就此征求你的看法的话，你也就很难自证其言了。但是，如果你自始至终都听得很认真的话，你就完全可以做到这一点。如果他的演讲你根本就没在听，你最好避开这个雷区。不如夸他今天衣服搭配的得体更合适一些。

2. 恭维不可面面俱到，只要证实一点就好

有些人在恭维别人的时候不能把优点说得具体，是因为在他看来别人值得称赞的地方不止一两处，就担心自己说了这个忘了这个，如果说得不全面，遗漏了哪个值得夸奖的优点，就怕别人不高兴。其实，这一点大可不必。因为当一个人的身上的某一个优点或者做过的某一件事得到赞美的时候，在他的内心深处就会引发一些连锁反应，他会自我求证，一旦这个求证的结果是肯定的，他就会因此而信心倍增，并会自发地将自己的这一局部优势扩大到整体，最后整个人都会感觉棒极了。所以，我们在说恭维话的时候，一定不要贪图面面俱到，要知道你说得越多，求证的困难就越大。倒不如你只抓最值得称道的一点，让他自己把局部的优势扩大到整体，这样岂不是既节省了心力又增强了效果？而且，只说好话，不说缺点，还要说得那么全面，这样难免会有谄媚的嫌疑。

间接恭维，借别人的嘴恭维更有效

什么样的恭维话听起来最有真实感，让被恭维的人听着最舒服？答案就是并不在场的人说出的话。引用第三方的话来恭维对方，更容易被对方所接受。因为，由交流的一方亲自说出来的话，对方或多或少都会觉得有客气和礼貌性的成分在内。相比较而言，那些并不在现场的、丝毫没有利害关系的第三人，他们说的话听起来就会更加公正、更加客观一些。我们把这个有效的恭维技巧叫作"间接恭维"。

向南是一个非常会恭维人的沟通高手，也正因为如此，他在办公室的人缘特别好。他最常用的一招就是借用别人的嘴来说恭维的话。有一次，公司安排他跟新来的同事一起出差，有意让他在业务上带一带这个新同事。这也是公司对向南的考察，想借此了解一下他带人的水平怎么样？因为，在整个办公室里就数他的人际关系处理能力最强。如果他在带人方面没什么问题的话，公司下一步就准备对他重新任用。

聪明的向南当然也明白公司的这层意思，在出差的路上不厌其烦地给新同事讲解业务的流程和客户的情况，以及需要注意的事项。在讲解业务的间隙，新同事问他能不能给他介绍一下公司的其他同事，这样对他以后的工作会有非常大的帮助。一向热心的向南，便跟他聊了起来。他把所有人的行事风格和脾气秉性都一一做了介绍，并且着重突出了每个人的优点。聊得最多的就是他们的顶头上司——李经理：

"李经理的业务能力非常强，但是又非常和蔼可亲，一点架子都没有。所有我们平时都叫她李姐。不过话说回来，虽然李姐比较随和，我们在工作上可是一点都不敢马虎。因为谁都知道，李姐对自己的要求非常严格。来公司这么多年，每天都是第一个到公司里来，也是最后一个离开的。而且每件事情她都要求自己做到最好，从不延误。都说近朱者赤，在这样的领导面前工作，我们又怎么会马虎懈怠呢！你看看现在的这些同事，哪个不是干劲十足，这跟李姐对我们影响有非常大的关系。还有，李姐还是唱歌的好手。哪天有机会，你就知道了。我们私底下都说她是隐藏在民间的歌王。"……

由于两人的努力和默契配合，这次出差任务完成得非常圆满，回来之后李经理带着同事 K 歌为他们庆祝。李经理一曲唱完，新来的同事就忍不住夸奖：

"李姐唱歌原来真的这么好听啊！我之前听向南说您是隐藏在民间的歌王，还有点不敢相信呢！他说您工作不仅能力强，对自己要求严格，而且还有很多特长，尤其是唱歌。当时我还半信半疑，现在我可算是真的信服了。看来大家是真的非常崇拜你。"

李经理听完之后，会意地朝着向南笑了笑。之后不久，向南就被别人叫作向经理了。

同样是这一番恭维的话，如果是向南当着经理和同事的面直接说给她听，同事多半会认为向南是一个阿谀奉承之辈，李经理对此也不会有什么好感。但是这些话，通过新来的同事的嘴转述，效果就大不一样了。我们有句古话叫作"要知心腹事，但听背后言"，可见我们对于从别人嘴里听到的那些背后之言的信任程度。当然，这背后的恭维也是一样的。

有一位给企业做培训的前辈，讲过两次他自己的亲身体验。他说有一次，他在成都为当地的企业家做培训，由于他在业内的知名度很大，当地的企业家一下子来了100多位，这让他心里多少有些小得意。在课间休息的时候，他要回到宾馆，从会场回到宾馆中间需要经过一个廊桥。就在他走过这个廊桥的时候，无意间听见两位在廊桥上休息、抽烟的企业家。其中一位说：

"这位老师讲得真棒，这一趟真是没白来。"

另一位随即附和道：

"没错，这也是我听到的最为实用的课。"

这位前辈说，当他在无意间听到这些话的时候，心里真的是美滋滋的。用他的话讲就是："如果他们直接对我说：'老师，您的课讲得真棒……'我会觉得他们可能是在吹捧我，但他们并没有这样直接称赞我，当然是反映了他们内心真实的心声。我这个听者自然就很高兴了。"

还有一次是他在杭州给那些管理者做培训。那场培训讲座，会场安排在一家酒店的三楼，在这家酒店的二楼有一家咖啡厅。当他从这家咖啡厅经过的时候，遇上一位站在咖啡厅的大玻璃前打电话的姑娘，这位姑娘用她那银铃般的声音对着电话那头说：

"对，就是那位特别有名的某某老师，你听说过他吗？他的课讲得非常好，有时间的话你一定要听听他的课！"

她嘴里的这位特别有名的、课讲得特别好的老师，就是我的这位前辈。后来这位前辈回想起这件事的时候说：

"那是一位美丽的女孩，高挑的身材，声音清脆而甜美，长长的睫毛和忽闪忽闪的大眼睛。"

只不过是擦肩而过的一瞬间，也只不过是人群当中的那么一瞥。当事人在好几年之后再回忆起来，竟然会对这些细节记得如此清晰，到底是什么原因呢？这位前辈自己回答说：

"也许你会问我，为什么我对她的印象这么深刻？那是因为她在跟别人的交谈中对我的评价令我印象深刻。"

发现对方需求，正中靶心

下面是近代画家张大千因为自己的胡子而讲的关于胡子的一个故事。张大千留了一把非常漂亮的大胡子，被大家称作"美髯公"。但是这位"美髯公"却有一个因胡子而起的烦恼。原来，大家都知道他的这个雅号，平日里相见也都夸他的胡子漂亮，反而不怎么提他在绘画艺术上的造诣了。这让这位老艺术家很是不高兴。有一次，又有一大群慕名者开始在他面前夸他的胡子是如何的漂亮。这次，他终于忍不住了，就跟这些人讲了一个关于胡子的故事：

在三国的中后期，蜀国上将关羽、张飞皆已亡故。孔明想要第六次兵出祁山，需要一位杰出的大将为帅。这时候，关兴和张苞纷纷自动请缨，争执不下。孔明一时难以决定，就让他们各自说出自己父亲的战功，谁的父亲功劳大就让谁为帅。张苞口齿伶俐，抢先说道："我父亲大喝当阳桥，能吓退曹操百万兵；能义释严颜；在百万军中取上将首级，更如探囊取物一般。"

张苞说完，轮到关兴。关兴虽然很想说父亲的事迹，但是笨嘴拙舌的他不知道怎么说，憋了好半天才结结巴巴地说："我父亲的胡子很长。"这一下可笑坏了众人，也气坏了关羽的英灵，终于按耐不住，站立云头喝骂：

"小子，你老子过五关斩六将，诛文丑、斩颜良，单刀赴会，水淹七军，这么多的功绩，一世的英明，你偏偏都不说，却只说你老子的胡子长。"

就是因为找不准恭维的最佳位置，关云长的英灵都忍不住站在云头喝骂关兴。同样，也是因为众人恭维张大千不得其法，老人家才忍无可忍讲了这个关于胡子的故事。也可以算是笑骂的一种，这也是张大千先生生性幽默才会如此。如果是换作其他人，这些不懂得恭维之术的人恐怕早就被轰出门了。

俗话说："打蛇要打七寸，说话要说到点子上。"同样，这恭维的话要想收到好的效果，也得能说到点子上才行。刚才说的张大千的故事就能看出来，只有当恭维别人最在乎、最得意的地方的时候，才能收到最好的效果。有的人喜欢别人恭维自己的能力，有的人喜欢别人恭维自己的颜值，有的能希望别人恭维自己的家世，有的人则希望别人恭维自己的学识。这个世界上没有两片完全相同的树叶，也没两个脾气秉性完全相同的人。不同的人看重的东西也不一样。这就要求我们在恭维别人之前，先了解一下对方的喜好和秉性，这样才能做到"对症下药"，抓住最关键的地方加以赞美，从而满足对方的心理需求。这样恭维没有几个人能够拒绝。我们来看看一向以"生平不好谀耳"的曾国藩是怎么被这种高明的恭维术给"拿下"的。

有一次，曾国藩在吃完晚饭后跟几个幕僚在一起闲谈，聊到了当下的几个风云人物。曾国藩说："彭玉麟、李鸿章都是大才，为我所不及。我可自许者，只是生平不好谀耳。"

这时候，旁边的一个幕僚说："他们几位各有所长，彭公威猛，人不敢欺；李公精明，人不能欺……"

正在大家都在等着他继续说下去的时候，他却好像突然意识到了什么，就没再说下去。正所谓"说者无心，听者有意"，他虽然没有说下去，但是一直在细心听着的曾国藩却不肯罢休，就接着这个话题往下引：

"那你们觉得我怎样？"

这正是那人没有说下去的最大顾虑，因为再说下去就必然会说到曾国藩。说到曾国藩几乎就是个两难的境地。说恭维的话吧！曾国藩刚才已经说了，他说其他几位都是当世的大才，自己论能力是比不上了，唯一比他们强的地方就是自己不好听阿谀奉承的话。这话音还没落地的时候，谁再说恭维的话，就属于是典型的顶风作案，谁都没有那么大的胆子。但是，说批评的话呢，更不敢！谁敢在众人面前说曾国藩不如其他几位呢！一时之间，众人尽皆哑然，一个个目瞪口呆，场面变得十分尴尬。

但是，曾国藩的幕僚当中还是有能人的。这时候只见一个年轻人走出来，说道："曾帅仁德，人不忍欺。"

大家一听这话，悬着心总算是落了地了，纷纷开始拍手称赞，都认为这样的评价中肯而实在。就连曾国藩本人听后也表示十分满意，连连笑着摆手说：

"不敢当，不敢当。"

那么，这位年轻幕僚的话，当真是客观而真实的吗？如果对照他们对彭玉麟和李鸿章的评价来看，还真的是这样。因为他们是在曾国藩面前评价这两个人的，断没有因为恭维他们而把曾国藩比下去的道理。当然他们也不会无端故意打压这二人而故意贬低。把这三个人的评价放在一起的看的话：彭公威猛，人不敢欺；李公精明，人不能欺；曾帅仁德，人不忍欺。一个威猛，一个精明，一个仁德。没什么明显的高下之分，自然也就没有恭维的嫌疑了。这很符合生平不喜阿谀奉承之言的曾国藩的脾性。

但是我们稍微想得深入一点就会发现，这个年轻人是非常厉害的。他之所以能够在众人目瞪口呆的时候说出这样符合曾国藩胃口的话来，是因为他早就在曾国藩之前的那句话里发现了他最在意的地方。他是一个以不听奉承话而感到骄傲的人，他所看重的并不是威严，也不是精明，而是仁德。也就是说在曾国藩的眼里，一个仁德的人要远远高于威猛和精明之人。这时候他的那句"曾帅仁德，人不忍欺"在曾国藩的眼里该是一种什么样的评价呢？这个年轻人的高明就在这里，恭维的话说得不仅正中靶心，还丝毫不着痕迹，他话里的好处恐怕也只有曾国藩能够品评出来。

当然，这个懂得说话的年轻人，曾国藩是断然不忍他继续埋没下去的。

事后，曾国藩问身边的人："他是哪里人？"

有幕僚告知："此人是扬州人，中过秀才，但是家里很穷，只能到帅府做个幕僚。不过此人办事非常谨慎。"

曾国藩听完之后就说："此人有大才，不可埋没。"之后没多久，曾国藩升任两江总督，这个聪明的年轻幕僚就被派去扬州做了扬州的盐运使。

学点赞美技巧，让你更受欢迎

赞美别人是一件好事，但绝不是一件易事。赞美时如不审时度势，不掌握一定的赞美技巧，即使你是真诚的，也有可能会好事变坏事。所以，开口前我们一定要掌握一些赞美的技巧。

1. 赞美要因人而异

人的素质有高低之分，年龄有长幼之别，因此，因人而异，突出个性，有特点的赞美比一般化的赞美能收到更好的效果。老年人总希望别人不忘记他"想当年"的业绩与风采，所以在与他们交流时，可以多称赞他们引为自豪的过去；与年轻人交流，不妨稍为夸张地赞扬他们的创造才能和开拓精神，并举出几点实例证明他的确能够前程似锦；与经商的人交流，可称赞他们头脑灵活、生财有道；与有地位的人交流，可称赞他们为国为民、廉洁清正；与知识分子交流，可称赞他知识渊博、宁静淡泊……当然这一切要依据事实，切不可虚夸。

2. 赞美要情真意切

虽然人都喜欢听赞美的话，但并非任何赞美都能使对方高兴。能引起对方好感的大多是那些基于事实、发自内心的赞美。相反，你若无根无据、虚情假意地赞美别人，对方不仅会感到莫名其妙，更会觉得你油嘴滑舌、诡诈虚伪。例如，面对一位其貌不扬的小姐，你却偏对她说："你真是美极了。"对方立刻就会认定你所说的是虚伪之至的违心之言。但如果你着眼于她的服饰、谈吐、举止，发现她这些方面的出众之处并真诚地赞美，她一定会高兴地接受。真诚地赞美不但会使被赞美者产生心理上的愉悦，还可以使你经常发现别人的优点，从而使自己对人生持有乐观、欣赏的态度。

3. 赞美要翔实具体

在日常生活中，人们有非常显著的成绩的时候并不多见，因此，交往中应从具体的事件入手，善于发现别人哪怕是最微小的长处，并不失时机地予以赞美。赞美用语愈翔实具体，说明你对对方愈了解，对他的长处和成绩愈看重。让对方感到你的真挚、亲切和可信，你们之间的人际距离就会越来越近。如果你只是含糊其词地赞美对方，说一些"你工作得非常出色"或者"你是一位卓越的领导"等空泛飘浮的话语，很可能会引起对方的猜度，甚至产生不必要的误解和信任危机。

4. 赞美要合乎时宜

赞美的效果在于相机行事、适可而止，真正做到"美酒饮到微醉后，好花看到半开时"。当别人计划做一件有意义的事时，开头的赞美能激励他下决心做出成绩，中间的赞美有益于对方再接再厉，结尾的赞美则可以肯定成绩，指出进一步的努力方向，从而达到"赞美一个，激励一批"的效果。

5. 赞美最好雪中送炭

俗话说："患难见真情。"最需要赞美的不是那些早已功成名就的人，而是那些因才华被埋没而产生自卑感或身处逆境的人。他们平时很难听到一句赞美的话语，一旦被人当众真诚地赞美，便有可能振作精神，大展宏图。因此，最有实效的赞美不是"锦上添花"，而是"雪中送炭"。

此外，赞美并不一定总用一些固定的词语，有时候，投以赞许的目光、做一个夸奖的手势、送一个友好的微笑也能收到意想不到的效果。

6. 当众赞美效果好

对于有成就、贡献突出的下属，应当在全体员工大会上进行表扬，这是许多管理者经常采用的一种激励方式。事实证明，这种激励方式虽然简单，但它产生的效果却十分明显。为什么呢？因为人的社会性决定了每个人都希望自己能够得到他人的肯定与社会的承认。上司在特定场合对他的表扬，便是对他热情的关注、慷慨的赞许和由衷的承认。这种关注、承认，必然会使他产生感激不尽的心理效应，乃至视你为知己，更加爱报效于你。同时，这种表扬，能够激发其他下属的上进心，从而努力进取为公司创造更大的效益。

管理者绝对不能忽视对员工，特别是有一技之长、独当一面的员工的公司感情的培养。如果要笼络住他们，就要在他们取得一些成绩时给予他们充分的肯定，在比较大的场合上进行表扬、鼓励。

掌握了上述这些赞美的技巧，然后在生活中、工作中不断地反复练习，相信你很快就会成为社交场中受人欢迎的人。

张口就说的恭维话

我们聊了几个常用且有效的恭维人的技巧，但是这些技巧都有一个共同的特点，那就是要我们在开口之前先尽量了解对方。了解得越多、越深刻，恭维的话说出来才能越准确地命中靶心，起到的效果才能越好。但是在我们的生活中，有很多的场合是不具备这些条件的。我们总不能刚见面的时候不开口，等着了解了人家才开始说恭维的话吧！看来我们还需要掌握一些张嘴就能说好恭维话的技巧。这里有两个不错的方法，能够让我们初次见面就能把恭维话说得得体：

1. 名片赞美法

在很多正式或者半正式的场合，第一次见面的朋友通常都会给对方递上一张名片。想想我们接过别人的名片的时候我们是怎么说的。一般来说，我们接过对方递过来的名片，说得最多的一句话就是：

"幸会，幸会。"

这么说没错，但这只是打个招呼，并不是恭维的话，这样说话的人太多，所以对方绝对不会因为你的"幸会"就对你有深刻的印象。而且，一般这么说话的人，未必能够认真地看人家的名片，多半只是顺手放在兜里了，恐怕连对方的行业和身份都搞不太清楚。这样的人不光是恭维的话说不好，就是在之后的聊天中也很有可能搞不清楚这些而闹出误会来。

有一种表达方式，比这个"幸会"好上一点。那就是对方递过来的名片他确实看过了，于是就在幸会前面加上了称呼：

"刘总，幸会、幸会。"

"张经理，幸会、幸会。"

"李总工程师，幸会、幸会。"

"白教授，幸会、幸会。"

这种表达方式会比之前的好一些，最起码能够让别人感觉到，你是在跟他说话，而不是跟别人，因为姓氏再加上职位就有了一定的特指性。这样听起来，他就知道你是把他跟其他的人区分开了。你的话是对他说的。但是，这也只是一个更妥当一些的打招呼的方式，还不算是恭维的话。

那么正确的方式应该是什么样的呢？我们来看下面的几句话：

"张总工程师，您这么年轻就做到总工程师了，真是太厉害了！我以后可得多向您学习了，认识您可真是太荣幸了。"

"您是老师呀？怪不得这么文质彬彬的，天底下最值得赞美的职业，人类灵魂的工程师……"

"我说您的形体和气质怎么都那么好呢，原来您是舞蹈教练呀！认识您真是太高兴了。"

这样的话，如果是从一个初次见面的陌生朋友的嘴里说出来的，这个说话的人会给你留下一个什么样的印象呢？就算是刚刚认识，了解不够，那最起码你也会觉得他是一个会说话的人。

这就是我们的名片恭维法，接过对方的名片一定要认真看过，然后把对方的行业、职位跟他的具体情况结合在一起，比如他的形体、气质、年龄甚至是性别。这样一来，你的恭维就不会是无的放矢了，也就不会显得假大空了。初次见面，这样的恭维话会让别人觉得你是一位说话的高手。

2. 用眼睛为嘴巴开路

我们上面说过如果别人给你名片，你怎么把恭维的话说出口。但是，这种场景也不是每次都会出现，当没有名片的时候怎么办呢？那就让你的眼睛为你的嘴巴开路，这个方法有点像我们前面提到的在找聊天话题时用的"就地取材"的方法。就是说你用你的眼睛迅速在别人身上发现值得恭维的地方。这里有几个原则：

第一，遇到老年人，你可以夸对方精神好。

这是一个很安全的恭维老年人的技巧，毕竟人越是上了岁数，就越是怕别人说老，非常担心在别人看来自己的状态很糟糕。这时候你夸他精神好，他听了肯定十分受用。这比你夸他年轻还好用，有时候明明人家年岁很大了，你偏夸人家年轻，自己都会觉得这话说得太假。而且，有些老年人是不喜欢别人说他年轻的，因为他们会以为你是在说他不够稳重，说他没个老人的样子。当然，是不是夸老人精神好，并不是取决于对方的年纪，还得靠你的眼睛来看。如果对方精神一看就不是很好，你这时候说恭维的话还不如直接表示关心，或者给他们提供一些帮助让他们感觉更受用。

第二，逢人减岁，遇物添钱。

对于同龄人或者是年龄稍长的人，如果你想恭维对方本人的话，对于女性朋友，你尽管夸她们年轻，或者故意说出一个比你所判断的年龄要小一些的岁数。比如说，你的朋友给你介绍说：

"这是我们单位的张姐。"

这位张姐看起来有四十岁出头，但是比较注重打扮，这时候你可以说：

"张姐您好，您看起来比我们大不了几岁，您三十刚过？"

她很可能会很自豪地告诉你：

"哪里还有什么三十呀！我都四十还多了呢！"

但是切记，这个方法女人用起来会比较合适，如果是一位男士的话，那就请自动跳过，因为对于男人来说，讨论女人的年龄绝对是聊天当中的一大禁忌。除非你们年龄相差很多，有了辈分上的差别。对方把你当孩子的时候，你夸她年轻她还是比较受用的。

对于男士来说，你尽可以夸他成熟，稳重。这些对于一般男士来说，绝对是无差别的恭维。还是那句话，用不用这招，还得取决于你看到了什么。如果你面前站着的是一位非主流、装扮拼命装嫩的人，你夸他成熟稳重，他多半是不会太开心的。不管男士还是女士，以上说的都是一般性的恭维话，如果你发现了他或者她身上有另外的特别值得自豪的地方，那么就忘记这些技巧，直接瞄准他最得意的地方。

如果你在仓促之间没能在他们身上发现特别值得恭维的地方，那么就请转移一下你的目光，从他们的穿戴上入手，衣服、鞋、女士手里的包、男士腕上的表等，都是值得你注意的地方，但是记得在这些地方恭维他们的话，一定要遇物添钱。不光要夸它们的颜色、款式，也要让对方知道，这些东西看起来还很贵气。

以上两种张口就来的恭维话术，就是我们为您在陌生场合面对一位从未见过的朋友时准备的。如果您对您的谈话对象了解不多，或者一无所知，那么这两个方法供您参考。

第五章

CHAPTER 5

拒绝：拒绝不可怕，可怕的是不敢拒绝

现实生活中难免会遇到需要拒绝别人的场景，稍有不慎，就有可能伤害到人与人之间的情感，尽管如此，拒绝这个事还不至于就是一个死局。要想跨过拒绝的坑，就要懂得拒绝的艺术，即知道如何把拒绝的话说好。

我们为什么不懂拒绝

现在我们又要进入好好说话的另一个痛点区域——拒绝，没错，拒绝确实是很多人说话的雷区。曾经有一位长者，他以"过来人"的身份聊起过"拒绝"的话题：

"拒绝这个事，它本身就是一个坑。当你意识到它存在的时候，你八成就已经在这个坑里了。这时候你可以有两个选择，你可以选择拒绝，但是多半会因此让自己失去一个朋友；当然，你也可以选择不拒绝，但是能让你意识到'拒绝'存在的事情，多半是你做不到、扛不住的。如果你选择了不拒绝，等到你拼尽全力还是无法兑现的时候，你就会因此而多一个对头……"这话不一定对，但也不至于是他的凭空杜撰。

现实生活中有太多这样的例子，因为不懂得拒绝而在拼尽全力之后让朋友瞬间"粉转黑"，然后学着拒绝，却因为不懂得拒绝而让友谊的小船说翻就翻。但是尽管如此，拒绝这个事却还不至于就是一个死局。它即使是个坑，也总有一些能够跨过去的人。这些人与我们的不同之处就在于他们懂得拒绝的艺术。所谓懂得拒绝的艺术，就是知道怎么把拒绝的话好好说。而要想把拒绝的话说好，按照我们"四维沟通术"的逻辑，首先就是要有拒绝的意识，只有一个想拒绝的人，他自己想要把拒绝的话说出口，然后才有把拒绝的话说好的可能。所以，我们先讨论为什么不想拒绝的问题，然后，再分享怎么把拒绝的话说得有技巧。

我们为什么觉得拒绝很难，为什么有那么多人不敢拒绝？最新的心理学研究报告告诉我们，不外乎两种原因：

第一个原因就是我们压根就不想拒绝。第二是拒绝不了。

压根就不想拒绝，在这类人的行为中，不过都是做个样子而已。这个样子既是做给别人看的，也是做给自己看的。因为从归因心理上来说，没有人愿意把让自己陷于困境的原因归于自己，而多半会归于外界。这种归因的本能反应会告诉他，不是他不想拒绝，而是根本拒绝不掉，而事实正好相反。那么问题来了，既然不拒绝会使得我们陷于困境，为什么还会有人压根就不想拒绝呢？这好像有些不合逻辑。

我们来看看这些心理学专家给出的解释：首先，在我们的生活当中，有些人会以牺牲自己的需求和利益为代价为他人付出。研究发现，这种不拒绝、为他人过度付出的行为，很有可能是因为受到他们内心的"救世主"情结的影响。在救世主情结的影响下，我们就会把对别人的帮助看作是理所应当的事情，甚至会将此看成是自己的责任和义务。

其次，还有些人不拒绝，是在享受从不拒绝的过程中感受到的控制感。在这种情况下，他们的不拒绝其实是为了获得对他人的控制感。别人向他寻求帮助的次数越多，他就越能感觉到他已经成为对方不可或缺的依靠。这其实是一种内心对于控制感的渴望。

再次，还有一些人不拒绝其实是不想接受负向的自我暗示。因为你要拒绝别人，就等于是向别人承认，这些事情是你做不到的，说明自己的能力是有问题的。这是一些人，特别是有完美主义倾向的人非常不愿意接受的负向的自我暗示。于是，他们就会通过完成别人的一切请求，来证明自己的能力是没有问题的。当然，这种证明其实是徒劳的。

至于第二个原因，拒绝不了。他们是心里明明想拒绝，但是偏偏嘴上不敢说的那种。也就是我们常说的打肿脸充胖子、死要面子活受罪的那种。关于这类人，心理学家也给出了进一步的解释：

首先，就是为了讨好别人。这类人通常会习惯性地把自己放在一个"好人"的位置上，在他看来满足他人的一切请求，是作为一个好人的分内之事。其实，这不过是他的自我感觉而已，在他的内心深处不仅渴望别人对他的肯定，更恐惧别人对自己做出一些负面的评价，而拒绝恰恰就是最容易让别人否定自己的行为。所以，他们才会无限制地满足别人的请求，他们觉得只有这样自己才会被别人喜欢，才会被别人所接受。这类人害怕别人觉得他们不合群，害怕被别人孤立。所以这类人所谓的明明想拒绝，却说不出拒绝的话，其实是无法克制自己以满足他人来换取别人肯定的本能冲动。

其次，就是我们所说的心太软。有些人会因为同情别人而不好意思拒绝，不忍心拒绝。之所以不忍拒绝，就是因为自己的过度同情。这些人对自己或者他人正在遭受的痛苦高度敏感，并希望通过自己的努力来减轻他人的痛苦。如果让这样的人拒绝别人，他就会觉得自己在情感上伤害了别人。所以，对别人的苦痛高度敏感的他们断然不会轻易把拒绝的话说出口。

还有第三种情况，这类人的不拒绝其实是一种自我保护。他们因为害怕爆发冲突而选择不拒绝，同时也会因为害怕麻烦而选择不拒绝。因为从短期内看，接受一个人的请求要比拒绝一个人要简单很多。因为一旦拒绝，就得准备很多理由，或者这次拒绝了，对方还有可能再次请求。这在他们看来，要比接受麻烦很多。

说到这里，事情就再明显不过了。所有的拒绝要么就是自己压根不想拒绝，要么就是自己不舍得或者不敢拒绝。说到底，不会说拒绝的话，绝不只是口才不好那么简单。如果你正在遭遇因无法拒绝而带来的困境的话，那么请你仔细思量这当中的缘由，如果你符合以上说到的几种情况当中的一种或者几种情况，请先清理自己的心理障碍，让自己先有拒绝的心和拒绝的胆，然后再一起学说拒绝的话。如果自信满满，那么问题就是出在了表达上，这时就该学习怎么好好说拒绝的话了。

唤醒他的自尊，高尚的人不迁怒他人

前一段时间在网上看到一个比较有意思的视频。在一家肯德基的大厅里，两个少男少女相对而坐，在他们中间的餐桌上放满了食物和饮料。女孩开心地吃着，对面的男孩却只是看着。看到姑娘吃得这么开心，这个男孩也是一脸的幸福。慢慢地，男孩的脸变得越来越红，终于男孩鼓足了勇气对女孩说：

"做我的女朋友吧！虽然我们才刚刚实习，但是如果你做我的女朋友，我天天都会给你买这么多好吃的。"

女孩可能没想到男孩会突然向自己表白，听到这话的时候明显愣了一下，然后一手抓鸡腿，一手拿可乐，看着男孩说：

"如果我不能做你的女朋友，我还可以继续吃吗？"

男孩子赶紧点头表示同意：

"当然可以，不管你同不同意我们都是好朋友。好朋友也可以请你吃饭呀！"

女孩听后脸上的表情有了一些严肃，更认真地看着男孩说：

"我就知道，但是我真的不能做你女朋友。"

女孩说完又开始对桌上的食物发动了进攻。男孩只能看着女孩无奈地笑笑。

　　这是我见过的最有喜感的表白被拒的场景。一般来说，爱的表白被对方拒绝，要么就是拒绝的一方转身离去，留下被拒绝的一方独自凌乱，从此再见面连做朋友都尴尬；要么就是被拒绝的一方紧追不舍，拒绝的一方仓皇逃离，恨不得以后再不相见。再有就是，被拒绝的一方哭天抢地，感觉至此生无可恋。总之，不是悲伤就是凌乱。但是这个姑娘在给出答案之前先给对方打了个"预防针"，让他自己说出"不管是不是同意，以后都是朋友"的话来，把对方的身份认知设置成一个谦谦君子，那接下来要做的事情就得符合谦谦君子的身份。所以，即使是后来被拒绝了，想再说什么话，或者表现什么情绪的时候，想想自己刚说的话，也只能是无奈地苦笑了。不得不说，姑娘的这一句"如果怎么样，我们还会怎么样吗"当真是拒绝时的高明句式。

　　我们不妨想一想，当一个朋友要你帮忙去办一件事，你实在是无能为力，但是在拒绝之前你问出了这类句式：

　　"你该不会因为我帮不到你，就跟我绝交了吧？"

　　或者说：

　　"如果我帮不到你的话，你会不会生气不理我了呢？"

　　面对这样的问题，对方能怎么回答呢！毕竟这是有求于人，他如果真的回答：

　　"你不答应我就跟你绝交。"

那就不是求人帮忙了，那就是赤裸裸的威胁。应该没有谁会去帮助一个动不动就威胁别人的人，所以他们只能选择否定的回答，比如：

"这话是怎么说的，咱们是多少年的交情了，哪能说翻脸就翻脸呢？"

或者是：

"你把我看成什么人了？我是那种动不动就拿交情威胁别人的人吗？"

再或者：

"咱们交往这么久，我还不了解你吗？如果真的不能帮助，那肯定是有自己的难处。"

对方都把话说到这个份上了，这时候你再顺势说出自己的难处，这个场面也不会尴尬到哪里去。所有因拒绝而起的不愉快要么就是对方觉得你伤了他的面子，要么就是他认为你是有能力却不肯帮忙。这种拒绝的句式，就是在拒绝之前先唤醒对方的自尊心，用对拒绝后的坏结果的否定来给对方设定一个正向的自我形象认知，让他觉得自己是一个善解人意、善于体谅他人难处的人，这样的人断不会因为自己的请求被拒绝而迁怒于别人。但是请记住，运用这个拒绝句式的时候，你可以根据具体情况的不同变化出新的句式，但是一定要给对方的自我形象认知一个正向的引导。

有一对好朋友，A 和 B。两个人从刚开始工作就是不错的朋友，中间十多年的时间不管谁有什么事都是相互帮助的。尤其让 A 不能忘记的是他们买房的事情，当时他们两个人打算把房子买在一个小区，这样相互照应也方便一些。那几天 A 的工作比较忙，B 就一个人来回看房。结果在他们心仪的小区能看上的户型只剩下一套了，也就是说另外一个人只能把房子买在别处。按理说这个房子应该是 B 先买，因为这些天都是他在忙活。但是 B 知道 A 手里的钱非常有限，如果这次买不上的话，以后很可能就买不上了。于是就把这套房子让给了 A，B 又找家里人借了一笔钱把房子买在了隔壁小区。手续刚刚办完，附近的房子就开始疯长，而且首付的比例也提高不少。A 逢人就说，这次真是多亏了 B 帮忙，要不然自己买房的计划就得泡汤了，疯涨以后的房价根本就不是他能够负担得起的。

他也经常跟 B 说：

"我欠你这么大的人情，如果还不上的话，估计连朋友都没得做了。"

每当这时候，B 总是一脸"鄙视"地回答：

"瞧你那点出息吧！你当哥们跟你一样没出息呢！哥们又不是跟你做生意，当我是投资呢是不是……"

当时只不过是一句玩笑话，谁知道一语成谶。前不久 B 找到了 A，想让 A 帮自己一个忙。原来 B 经营的店铺资金出了点问题，想找 A 借点钱周转一下。本来，冲这两个人这么多年这么好的交情，这事就不能不帮。更何况，A 一直把 B 当年的慷慨相助一直挂在心上。但是，他现在确实是心有余而力不足，不过这些话又该怎么说出口呢？于是，A经过一番思考后对B说：

"幸亏是你，要是换了其他人，估计我就该被骂是忘恩负义的小人了。"

"说重了兄弟，怎么会有人这么想呢？"

B听这么说赶紧打断他。

"一点都不严重，你就说咱们的交情，够深厚了吧！再说，你给我帮过多大的忙，我可一直没忘呢！如果不是你，要换另外一个人，我但凡有一点犹豫都会被骂忘恩负义。你说对不对？"

"拉倒吧！拿我们跟他们比什么，再说了，你还真当我帮你是为了你的回报呢？"

"所以说，幸亏是你。咱们兄弟知根知底我才敢说，不然打死我都不敢。如果是其他人，非绝交不可。"

这时候B已经明白了A的意思，却安慰A说：

"我明白了兄弟，我知道，如果不是真的有困难。你也不会说出这样的话来。但是你别想多了，咱们兄弟的情谊可不是用这些来衡量的。我再找其他人想想办法吧！"

如果不是A首先把对方放在一个通情达理、善解人意的位置上，在这种情况下拒绝，真的有可能导致两个人的友情破裂。这当中一个是友情，一个是人情，在双重因素的影响下，拒绝稍有不慎，友谊的小船就会翻。但是A的拒绝高明之处在于一开口就说出了一个最坏的结果，并暗示对方，他肯定不会那么做的，因为他不是那样的人。在这一过程中，A 也一直在强调如果不是你，换成别人一定会生气甚至绝交。B 也是在整个对话过程中一直不停强调自己跟他们不是一类人，不可能做出那样的事情。这样的结果就是，他真的不会做出那样的事情，用一个通情达理的人设的逻辑去思考，就会明白对方也是真的有自己的困难，要懂得体谅。在这种强烈的暗示下，他也就真的能做到体谅别人了。

开诚布公，直言拒绝

直言不讳的特点是，陈述事情或表明态度坦直明快，直截了当，有一说一，有二说二，旗帜鲜明，真实可信。反之，如果过分客套，语言太多粉饰雕琢，就很容易失去自然和坦诚。特别是在亲朋好友之间，讲拒绝的话如果总是绕弯子兜圈子，不直抒胸臆，反而会显得很"见外"，而且达不到拒绝的效果。

所以，当我们在生活中遇到一些不得不拒绝的情况，比如亲戚朋友找我们借钱之类的事情时，完全可以用直言不讳的方法去拒绝，这样不仅可以达到拒绝的目的，而且一般不会让对方感到难堪或生气。

1949 年年底，上海商务印书馆由于经营不善，经济陷入困境，连薪水都发不出来了。无奈之下，已耄耋之年的董事长张元济先生找到当时的市长陈毅同志，想向政府借 20 亿元（约合现在 20 万元人民币），以解商务印书馆的燃眉之急。

陈毅在上小学时就听说过张元济老先生的大名，从情理上讲，他是应该答应这位德高望重的前辈提出的合理要求的。但从当时的实际情况看，战争刚刚结束，有限的经费应该主要用于迅速恢复和发展生产上。于是陈毅市长直言解释道："如果说人民银行没有 20 个亿，那是骗您，我当然不能骗您，我只要打个电话给人民银行，他们就可以把钱给您送过去。按理说，您老这么大年纪，为了文化事业亲自跑到这儿来，我理应把钱借给您，但我想，还是不借给您为好。为什么这么说呢？因为 20 个亿搞到商务馆可能一下就花掉了，我觉得商务馆目前最重要的是还是要从改善经营想办法，不要只搞教科书，可以搞些大众化的年画，搞些适合工农需要的东西，学中华书局的样子。否则不要说 20 个亿，200 个亿也起不到实际的作用。要您老先生这么大年纪，到处奔忙，我很感动，不过我不能借这个钱，借了就是害了你们。"

一席话把张元济说通了，他高兴地说："我完全接受你的意见，我不借钱了，你这话很爱护我们商务，使我很感动。"

张元济老先生虽然没有借到钱，但他并没有因此而生气，反而很感谢陈毅。原因就是陈毅对他有话直说，不瞒、不骗，不摆市长的架子，而且体谅对方的难处，积极替他想办法，出主意。这样的直言拒绝，无疑比躲躲闪闪、拐弯抹角的婉言拒绝更中肯，更实在，更感人，也更具有说服力。

陈毅的例子告诉我们，朋友之间交往，必须直率、坦诚，敢于说实话、道真情，这是增进了解、加深友谊、获取信任的好办法。这是因为，人们对于肯向自己透露一切的人往往有更有亲切感。

坦诚，是沟通心灵的桥梁，闪烁其词、掩饰做作则会招致别人的怀疑、反感和不信任。

由此，我们可以看到，直言的最大特点是"实在"，即说话态度诚实坦直，所言内容真实可靠，阐述道理切实可行。当然，在现实生活中，也有人说谎说得很"直率""逼真"，但谎言终究经不起时间的检验，最终一定会败露。

因此直言快语，首先要有诚实的态度，坚持实事求是的原则，建立在这种基础上的信任，才能提高你的威信，才能得到别人的信任。

直言的另一个特点是"质朴"。实践证明，质朴自然的语言，比华丽巧妙的言辞更能打动人。陈毅的谈吐是非常幽默、非常风趣的，但在张老先生借钱问题上，他却没说一句幽默风趣的话，完全是以坦诚的态度和质朴的语言与张老交谈，于是产生了积极的效果。所以，学会直言，掌握直言方法，不但要注意态度热情，语气自然，而且语句要实在，少夸张，戒浮躁，更不要咬文嚼字，甚至引经据典，搞得深奥费解。要努力做到"清水出芙蓉，天然去雕饰"。措辞还应注意少用诸如"大概""可能""也许"等模糊词语，因为这些词语常常表现出一种不确定的意向，让人听后觉得你在推诿、搪塞，甚至对你产生一种不信任的感觉。

当然，提倡直言，并非提倡"简陋粗俗"，提倡不看对象、不分场合、不顾后果地直着嗓门将好话坏话一股脑儿端出来。直言之言，也是需要思考和选择的。凡是有利于对方理解自己用意的话，有利于解决问题的话，当然应当快人快语道出来，但也应因人而"言"，因为人心如面，各不相同。所以直言一定要看准对象，看准时机，看准场合，否则就要碰钉子。

"心直"本是好事，但要注意"口快"出乱子。口太快，来不及思索、分析，来不及想一想这句话该不该说，能不能说，怎样说对方才能接受，如果连基本事实和全面情况还没来得及弄清楚，就急于表态，结果只能事与愿违。因此，将这一方法运用到拒绝上时，更要慎之又慎，注意措辞和运用的方式。

在拒绝之前先表示认同和理解

李鸣在北京漂了很多年，押上自己的全部身家，再拿来父母的养老钱才算是在北京扎下了根。虽然只是一个七十平方米的两居，虽然这个两居当中住着三代五口人，但是总算是把老人孩子接到自己身边来了。不过，就在李鸣把父母和孩子接到北京来的时候起，他在村里就成了一个"有能耐的人"。这不，今天就有两个从小一块玩泥巴的发小来家里做客。在吃饭的时候两个人就开始抱怨：

"都说北京这里好，那里好。好倒是好了，可就是活不起呀！吃个饭一天的工钱就没了，住个店差不多半个月的工钱就没了。你说租个房子吧！我的乖乖，动不动就要交上一年半年的房钱，最少也要四个月的。中间走了还不给退钱，你说让我们怎么办。还是你们这些有能耐的人好，有自己的房子住，多好。"

李鸣一听就知道对方接下来要说什么了，他有心要留他们住家里，但是苦于自己家里也没地方，只好随着他们的话题说：

"谁说不是呢？我刚来北京的时候也是不明白呀！北京那么多的高楼，怎么就没自己的住的地方呢！那时候我们什么都没有，毕业了不好意思找家里要钱。旅店住不起，小区里的房子自然也租不起。没办法，我们就住在阴暗潮湿的地下室，到大学城附近租一个床位，在换工作期间我们就住在日租房里，就是为了不一下子交那么多的房钱。好在农村出来的孩子根本没那么娇气，咱们吃苦惯了，也没觉得有什么过不去的。你说熬这么多年了，好不容易买个房子。你看看这个房子，跟咱们村里的房子简直没法比。你说咱们村里的房子谁家来个三口五口的亲戚，房子都住不完。可是在北京，我们这么丁点房子就得住五口人。我们两口子跟老人各住一间，孩子晚上就得睡沙发。别说亲戚朋友，就是自己一家人都住得憋屈。本来，你们俩大老远到北京来，无论如何也该留你们在家里住几天。我是真的想留你们住在家里，一来我们可以经常聊聊村里的人和事，二来是我对刚来北京的时候对那种举目不亲的无助感印象特别深，那种感觉我现在都记得。可是这巴掌大的地方，怎么能住的开呢？幸亏你们理解在北京住是个老大难的问题，不然说不定还以为是不近人情呢？"

对方听李鸣这么说，知道是实情，也就没再说什么。在吃过饭之后他们主动跟李鸣说："你对这附近的情况比我们熟悉，能不能帮我们找找有没有便宜点的地方住。"

村里的人都知道李鸣在北京买了房子安了家，老家来人你不让住几天的话，就有可能落一个忘本的名声。可是实际条件真的不容易，这时候就只能在拒绝的方法上想办法了。所幸的是，李鸣找到了让拒绝能够软着陆的缓冲因素——情感上的认同。在拒绝之前首先向对方传达情感上的认同和理解，就能够有效缓解由拒绝带来的面子上的伤害，从而让他人能够平静地接受你的拒绝。在上面这个故事中，李鸣的两位老乡在提出请求之前先说了自己的难处，这等于是把情感认同的纽带展现出来了。这样李鸣就能够在拒绝之前，先与对方形成情感上的同步，然后也一再强调自己对刚来北京时的那种无助感印象至深，所以他非常理解他们这时候的感受。这样虽然对方没有能够借住在李鸣家里，但是也不会因为他的拒绝而抱怨李鸣的不近人情。但是一定要注意，这里提到的李鸣的老乡的请求只是一种试探性的。试探性地请求因为自己对结果并不是十分确定，所以会先讲出自己的困难和感受。这种情况下，取得情感同步的纽带是对方先摆出来的。

如果换了另外一种情况。他们会直接提出请求，就要求给出一个答复，这种情况下的拒绝一定要引导对方把处境和需要说清楚。只有这些信息了解得越清楚，你们之间取得情感上的认同和理解的纽带才会越清晰。你使用这种拒绝技巧成功的概率才会越高。所以，在收到他人的请求之后如要拒绝的话，请先学会倾听。

张英是公司的员工主管，有一天，有一位平时不怎么请假的下属来找他，要求请一个星期的假，这让张英感到很为难。一方面公司最近的事情比较多，人手紧张；另一方面一个星期的假期也太长了，自己没有批复的权利。但是张英并没有马上对这位下属说不行，而是关心地问他：

"是不是遇到了什么困难？为什么要请这么长时间的假呢？"

"哦，我爸妈从老家过来了，要在我这里住一段时间。我想请假陪陪他们，带他们到附近好玩的地方走走。"

"是吗？这可是好事，真为你感到高兴。代我向他们问好，叔叔阿姨的身体都还好吧？"

"我爸的身体还行，我妈就是只要累就会腰疼。老毛病了，都是年轻时干农活落下的毛病。所以，我就想在家多陪陪他们尽尽孝心。"

"嗯，能够理解，咱们平时在爸妈身边的时间太少。他们好不容易能到我们这边来，我们巴不得天天都陪着他们呢！还记得前几年我父母来过北京一趟，那时候我也是刚进公司不久。我也想请假陪他们，还为这事跟领导闹意见呢！结果倒好，回家跟他们一说，他们反倒把我说一顿。说什么，他们之所以来看我，就是希望不影响我的工作。我要是不上班的话，干脆跟他们回家就好了。不过后来我算是知道了，幸亏领导没批我的假，这老人上了年纪跟我们年轻人不一样，天天在外面转他们也吃不消。再说了，他们要是知道我们因为他们不上班的话，本来打算住一个月的，也许三五天就回去了。这做老人的，谁愿意给孩子们添乱呢？"

"我爸昨天也是这样说的，我还说他不知道体谅我的一片孝心。也许你说的对，要是天天出去转的话，我妈的腰又该疼了。"

"对呀！下班早点回去陪他们，周末的时候带他们四处转转，他们心里也痛快。再说，咱们公司最近的情况你也知道，人手紧得很，一个星期的假根本就批不下来。到时候再因为这事影响了你在公司的发展，老人的心里又该不舒服了。"

……

有句话叫作"可怜天下父母心"，其实做儿女的心也是相通的。那种想多陪陪父母的心思在谁那里都是一样的，特别容易产生同感。有了这种情感纽带，在对他人的情感做了认同和理解之后，再说拒绝的话，就不太会伤到对方的面子了。

你需要一个不输于对方的"难处"

有一位经营板式家具的朋友，年纪不大，处事却非常老练。有一次闲谈中说到借钱的事，大家都说这个事非常不好处理。不借，当场就把人给得罪了，借呢，有些时候明摆着就是人财两空的事。但是找你开口借钱的，偏偏又是一些你得罪不起的，或者不方便得罪的人。这时候，真的很让人头疼。面对这个话题这位朋友没有做出评论，只是给大家讲了一个故事。

前不久，家具商场的一位管理人员，我们叫作楼层经理。他的家具店所在楼层的经理找到他，一开口就说：

"你们店里这几个月的销量很不错吧？"

他知道，对于对方的这句话，自己没有否认的余地。因为所有销售数据在商场的收银系统当中存着呢！他既然这么说，肯定是特地留意过的。他还知道，这位经理每次这么说的时候，接下来就是要借钱了，而且基本上都是有去无回，但是又不好得罪他，因为店里大大小小的事情，很多都要找这位经理来处理。于是，他就笑呵呵地跟这位楼层经理说：

"真人面前不说假说，我这个店这几个月来单子还真是不少。

不过我高兴也是它，愁的却也是它。您知道吗？我店里的货以前都是先供货后结款的。最近也不知道是看我们生意好做点了还是厂家真的资金压力大。昨天发来通知的时候要先付一半的货款才肯发货，可是顾客给我们的定金最高才百分之三十，你说我这一时半会上哪里去弄这些钱去？最要命的是，所有的单子上我们都把送货的时间写得清清楚楚的，到时候货送不到客户那里那可是要违约的。我今天为这事都愁得不行了，要不您帮忙想想办法？毕竟到时候真的违约的话，对咱们商场的信誉也不好。"

一听这话，刚要坐下的这位楼层经理赶紧站了起来：

"哎哟，我就平时帮你们处理一些小问题还行，这生意上的事我哪懂呀！对了，我还有事要赶紧处理一下，刚好路过你这里顺便恭喜你一下。那这样，你先忙着，回头咱们再聊。"

说完，这位楼层经理就急匆匆地离开了。最后这位朋友总结说：

"当有些人请你帮忙时，这个忙你不能帮。但是又不能把人给得罪了，不妨就说一个跟他一样，或者比他还大的困难给他听，顺便请他帮帮忙。虽然他不一定能帮到你，但是最起码，他不会因为你帮不到他而开罪于你。"

日本著名评论家加藤谛三就经常以这样的口吻勉励那些处在困境中的年轻人：

"你是很苦，不过，我也很苦。大伙都很苦，我们好好干吧！"就是这样，不管对方是不是真的很苦，如果你不想得罪人，就得先肯定人家确实很苦。但是同时需要传达一个关键的信息就是，我跟你一样苦，甚至比你的处境还苦。所以，我们都好好干吧！拒绝的话这样说，在很多时候就可以不必破坏人际关系而达到说"不"的效果。

无独有偶，日本明治、大正时期的著名文学家大町桂月，他为了不伤和气地拒绝别人就曾经写过这样一份拒绝借钱的信：

"同病相怜，同贫相助。我要说的话有山那么多。不过我该还给某某兄的钱，终于无法在年内还他，各种应付账款因为无法还清，看了医生只能付他医费，诊查费则延至正月，房租也获准延付，该付十五元的减为十元，或者五元，只做了些年糕过年了，多年来皆如此。兄台尚能忍所难忍，也可援弟过年了。"

所谓的牢骚相对，就是说在对方对你发牢骚的时候，你也要有一个比起对方有过之而无不及的牢骚发出来。同样，要拒绝对方的请求，你也需要一个不输于对方的困难讲给对方听。因为对方前来寻求帮助的依据是：我遇到了困境而你没有，或者是你的困境远比我所面临的困境小。所以你就应该有力量来帮助我。一旦他认为你有力量帮助他，在他看来就仿佛有了帮助他的责任和义务。所以，要做到不伤和气的拒绝，就得毁掉他的这个依据，甚至让他以为他的困境跟你的困境比较起来都不算什么，你若以此为依据就有了向他寻求帮助的可能。一旦形成这样的局面，即使你拒绝了他，也不过是两不相帮。要生气也是应该是你生气，他断不会因为你的拒绝而有责怪你的意思。

但是这样做需要注意的是，一方面我们用一个更大的困难毁掉向你寻求帮助的依据，一方面一定要在情感上跟他站在一起。尽量做到彼此坦诚相待，把自己的难处说清楚，从情感上消除对方的不满和不安。如果什么都不说，只是表示我也很难，我也帮不了你，就会使对方误以为你在敷衍他，其实你是有能力帮他的，只不过是找借口不想帮忙而已。一旦对方有这样的感觉，那即使是不错的朋友，也有可能从此变成路人。如果遇上个别气量狭小的人，你就很有可能多了一个对头。不过使用这个拒绝的表达技巧，切记在讲述自己的困境时一定要透漏出有意向对方寻求帮助的意思，如果只是一味地叫苦，那么很有可能让人误以为你是在故意哭穷。不过关于巧妙表达自己困境的方法，有一个故事，也许你能悟出一些不一样的东西来。

有一个人的朋友因为家里装修钱不够了，来找他帮忙。朋友说明来意之后，他很是大方地说：

"没有问题，咱们是什么交情，你的忙我说什么都得帮一把。"

然后转身走进卧室，一会就拿着一个信封出来了：

"我今天刚把富余的钱取出来，你着急用钱，一会就把它拿走好了。"

然后假装不经意地说："也就是你运气好，来得巧。你要是过几天来，这点钱就被我给孩子交学费了。"

对方刚要伸手接钱表示感谢呢，一听这话赶紧把钱推开了：

"都知道你为人实在，但是也不能实在到这份上。没错，我现在是着急用钱，但是这是什么钱？你把这钱借给我，我以后还怎么面对孩子。你的心意我知道，但是你这么做不等于是毁我呢吗？"

模糊拒绝，进退自如

模糊拒绝，简单来说就是运用不确定的或不精确的词语来达到拒绝目的的方法。在一些特殊场合，我们常常不方便用精确语言来表明自己的态度，这时就需要使用模糊语言。模糊语言的功效在于，既不至于令对方太失望或太难堪，也给自己创设了一块"缓冲地带"，增加了回旋的余地。

模糊拒绝是一种艺术，运用好了会取得良好的效果。

有一次，庄子向监河侯借贷，监河侯模糊地答复说："好！再过一段时间，等我去收租，收齐了，就借你三百两金子。"监河侯的"模糊式"拒绝很有水平，不说不借，也不说马上借，而是说过一段时间收租后再借。这话有几层意思：一是我目前没钱，所以无法借给你；二是我也不是富人；三是过一段时间不是确指，到时借不借再说。聪明如庄子，自然已经听明白了其中的含义，但他也不会怨恨什么，因为监河侯并没有明确地说不借，希望总归还是有的。

楚灭秦时，刘邦、项羽各领一支兵马向关中进发，并决定按楚怀王之约，谁先入关，谁为关中王。结果刘邦先进了关，理应成为关中王。可是项羽自恃兵多，不仅自尊为王，而且打算将刘邦放逐到很远的南郑去。项羽的谋士范增知道后，极力反对这一主张，他对项羽说："南郑那地方，内有重山之固，外有峻岭之险，让刘邦到那里去，等于放虎归山。"项羽问范增："有没有办法杀死刘邦呢？"范增顿生一计："等刘邦上朝时，大王问他，寡人封你到南郑去，你看如何？如果他说愿意去，就证明他想到那个地方养兵练将，日后好与大王争夺天下，于是您就下令将他绑出去杀了。如果他回答不愿意，就证明他不把大王放在眼里，于是也有理由将他杀了。"

项羽听后，欣然同意，待刘邦上得殿来，便问道："寡人封你到南郑去，你愿不愿意？"刘邦听后，知道不妙，略加沉思道："大王，臣食君禄，命悬于君手。臣如陛下坐骑，鞭之则行，收留则止。臣唯命是听。"项羽听后，无可奈何，只好改口说："南郑你就不要去了。"刘邦道："臣遵旨。"

面对"命悬于君"的难题，足智多谋的刘邦，巧妙借助模糊语言摆脱了项羽、范增所设的圈套。他的答话，既没有回避问题，又绕开了问题的焦点，使人无法抓住把柄。这正是模糊语言所发挥的作用。

某单位办公室王主任升任局长后，一些人纷纷利用各种机会向他发出"盛情邀请"，其中有一些平时交情不怎么样甚至只有一面之交的人也绕着弯子来请他赴宴，且极尽奉承、巴结之能事。他觉得这样既耽误工作，也容易让别有用心的人钻空子，于是便想了个"模糊表态"的方法来应付。

有一次，某单位一位同志利用儿子过生日的机会请王局长"光临寒舍"。他当然不想去赴宴，又不好明确拒绝，便这样回答说："你定的那个日子正是上级来检查工作的时候，这样吧，到时如果没有什么要紧事，我会抽空过去聚一下。"言下之意，要是有要紧事，或者没空，那只能说抱歉了。这样的拒绝方式，既可以让对方理解，也等于给自己留了一条后路。

实践证明，运用模糊的语言，常会取得良好的交流效果。但是，切不可把模糊语言作为"万应灵丹"，到处乱用。此外，"模糊"绝非"含糊"，绝非模棱两可，搪塞应付，或者是躲躲闪闪，装腔作势。尤其是领导干部在决策时，决不能用"模糊语言"做盾牌，掩盖自己的真实观点；对于群众的意见、建议更不能采取官僚主义的态度，用"研究研究""争取解决"之类的托词去敷衍搪塞。

适度补偿，友谊的小船永不翻覆

还是说借钱的问题，因为在我们的人际交往中最难拒绝的就是借钱了，同时最容易伤感情的也是借钱的问题。

我们在跟朋友的交往中，有时候也需要一些直言相告，不瞒不骗的方式。有时候这样的方式比起躲躲闪闪、拐弯抹角的婉言谢绝显得更诚恳更实在。但是我们在前面不是还说要注意各种拒绝的技巧，以避免友谊的小船翻掉吗？这并不矛盾，有一句话叫作"百样话对百样人"，我们身边的朋友脾气和性格各不相同，同样是拒绝，面对不同的人就得采用不同的方式。请一定要记住，从来就没有一种包打天下的话术能够应付身边的各色人等。不管我们在介绍一种方法的时候说这种表达的技巧怎么管用，怎么高效，那都是在面对合适的人和合适的场合的时候才会有的效果。

同样，直言相告、坦诚相对的拒绝方法也有它固有的使用情境。我们在使用这一方法的时候也要注意两点，首先只有当对方也是坦率、诚恳之人，而且相互之间有足够深的了解的时候才能使用；其次，即使自己帮忙也要设身处地为对方着想，可以帮着想想办法，出出主意。如果可以，最好能够在其他方面给予一些补偿。

安子经过三个月的努力，终于把驾驶证拿到手了。于是，安子就赶紧张罗起买车的事。虽说很早他就有了自己心仪的车型，但是在最近一次去 4S 店看车的时候，在销售人员的极力推荐下，他又看上了一款最新的车型。遗憾的是，新的车型比自己原来看上的贵了将近五万元。经过一番思想斗争，他决定找自己的好朋友大刘帮忙。因为他很清楚大刘的情况，大刘原来在本地经营两家骆驼户外用品店，虽说前一段撤下了一家，但是五万对他来说应该不是什么大事。于是，他来到大刘的家里并说明来意。大刘听完给安子倒上一杯茶，跟他说：

"你小子这是算准了我现在手里有这点钱是吧？没错，前一段时间撤店甩货，现在手里还剩几十万，这事你是知道的。如果你有什么特别紧急的事，我可以借给你。但是你说的这个事，我不打算借给你。咱们兄弟，我没必要给你编瞎话。第一，虽然原来的店我撤下来了，但是最近我准备选个新址再开一家。原来撤店剩下的钱，我需要投到新店里面去。第二，我觉得你买车没必要再多花这几万。先说这新款价格高，已经超出了你的预算，你现在还有不小的房贷压力，买车之后还有不小的养车成本，光是油费、过路费、保养费就是一笔不小的开支。另外，你是新手对车的性能和配置都没有什么具体的概念，而且这个车买回来你是要练手的，这时候剐蹭什么的小事故最多。我也不建议你买超出自己预算的车用来练技术。从我这方面说，我觉得你这事没我的事要紧。从你这方面说，现在你买了超出自己承受能力的车，以后的压力会更大。而且，车是不是适合自己，你只能等开一段时间之后才能知道。如果到时候你发现，借钱买了一款并不适合自己的车。你肯定会后悔。"

听着大刘的话，安子想想也不是没有道理：

"我这不是第一次买车嘛，光顾着高兴了。还真没算过养车的费用。但是我现在也不知道到底哪一款适合我，我也怕图便宜买一款性能不好的。到时候维修起来也是很麻烦的，弄不好还耽误事。"

"我从十几岁就开始摸车了，太专业的咱们不懂，但是说帮你找一款比较适合你的车，应该也不是太难。这样，钱呢你是别想了。但是我可以帮你跑跑腿，一起去选选车，尽量不让你当冤大头，我可不想你到时候后悔来再跟我叨叨。"

……

后来安子跟身边的朋友说：

"幸亏当时大刘不肯借钱给我，不然我可就真的要找他诉苦了。我现在的这台车比原来要买的那台油耗小了很多，我都心疼每月的油钱。要真买了那台车，估计我都舍不得加油了。还有，我算是知道了，新手上路真的不是说开就开那么简单的。一个月剐蹭了好几回。真要是买回来那台，我还不知道心疼啥样呢，关键是维修费用也贵呀！"

第六章
CHAPTER 6

安慰：最不讲道理的情感互动

　　真正的安慰是放下理性，回归心灵，其本质是一种情感的共鸣和互动。如果你试图安慰别人，你要做的不是判定感觉的对与错，不是想他们哪里不对，哪里需要修正，而是尽可能地给予他们做自己及尽情哭笑的空间，尽可能地向他们表达关切。所以，在谈论安慰的时候，谈论的是情感、感受与理解，而不是理性、评论与干涉。

当我们谈论安慰时，我们在谈论什么

你有没有遇到过这样的情况：你想去安慰一个正在经历痛苦的朋友，却不知道该说什么好？这个问题，我曾经问过很多人，有超过半数的人回答说：最早他们根本没考虑过这个问题。那时候如果身边有哪个朋友感到难过或者正在经历挫折的话，他们就完全遵照本能的指引，想起什么就说什么。那时候他们想的是：不管怎么样，只要我的出发点是好的，那我说什么应该没有那么重要，不管我说什么，他都应该知道我其实是希望他能开心一些，或者是希望能帮助他解决一些问题。但是，后来，他们这样做的次数越多，就越不确定这样做到底是不是正确。他们发现很多时候，虽然他们是出于好心，但是他们说出去的话并没有使他们的朋友或者亲人的状态有所好转。

很多时候，他们以为朋友需要陪伴，需要开导，于是使出浑身解数，把自己能想到的所有能够安慰人的话，用自己所能做到的最柔和的方式表达出来。但是就在他们感觉到渐入佳境的时候，却看到朋友不仅没有好转，甚至脸上浮现出一种极不耐烦的表情。他们有些无力，却透着坚定地说：

"我知道你是一片好心，但是请你让我一个人待一会好吗？"

如果抛开措辞的因素的话，我们知道他真正想表达的意思是：闭嘴吧！我不想听。

毫不夸张地说，很多时候我们自以为我们很会安慰别人，我们说出去的话能够给他人带来不少的帮助。但是就像我们在上面看到的那样，事实并不是这样。就拿我们最常挂在嘴边的一句话来说吧！当我们得知某位朋友需要安慰的时候，我们最常用的开场白就是：

"你还好吗？"

很多想要安慰别人的人都不会觉得这句话有什么不妥的地方，因为我们经常把这句话挂在嘴边。它只是一个礼节性的问候而已，就像我们经常说的"嗨"一样。但是现在，我们必须要意识到，这句听起来无足轻重的话却很有可能给正在陷于困境的人带来压力。作家南希·格尔马丁曾经讲过一个故事，在这里我们做如下引用：

南希·格尔马丁曾经与一位名叫玛利亚的女士进行过一次谈话。那时候，她的父亲刚刚去世没多久，她的妈妈又患上了重病。更糟糕的是，老太太在遗嘱中表示拒绝最后的抢救，以免遭受治疗时的折磨。但是玛利亚的弟弟并不同意妈妈这样做。于是，玛利亚需要一边对弟弟进行耐心的劝解，一边还要安抚病重的妈妈。这个时候，出于好意，身边的朋友开始不停地问她：

"你还好吗？"

"这是你们心里的想法吗？"

显然，玛利亚并不这样认为，在说这些的时候，她的情绪表现得很激动：

"你们真的想知道我好不好吗？那我就告诉你们我到底好不好。实际上，我觉得都快要受不了了。我感到悲伤而无助，我甚至想对弟弟尖叫，对医生大喊。我的压力太大了，每天我都必须面对复杂难懂的医疗保险条例，面对医院的医生和行政人员，面对我的家人，还有夹杂在这中间的所谓的正常的生活。每次遇到情感上难以承受的问题，我都不知道自己是否还要继续下去。就在这时，你们却问我好不好。请告诉我，我该怎么回答这个问题？是摆出一副苦瓜脸，叹息着跟你们说真话呢，还是像大多数人一样勉强露出微笑，说'哦，还好，我还能撑下去'？"

玛利亚知道，那些问她现在好不好的朋友，也只是通过这句话表达他们的好意。但是她对这样的问候非常无奈。当别人通过这样的方式来表示对她的关心的时候，她真的不知道该怎么回答。

"我知道他们是好意，但你知道常会出现什么情形吗？如果我真的告诉他们我真实的感受，他们就会打断我，说一些无关痛痒的鼓励的话，试图让我好过一点。有时他们只是同情我，有时会给我一些建议，有时则希望能够帮我解决问题。但更多的时候，他们只会说一声'哦'，然后就转移话题了。

"我想我可以对那些不熟悉的人说：'我很好。'因为我觉得把自己的重担加在别人身上是不公平的。但对于亲近的朋友，我希望有话直说，但有时又不想他们因为我而难过。大多数的时候，我尽量少说话，但会去猜想有没有人真的愿意理解我的感受。令我失望的是，真相总是叫人太沮丧——听到我说实话的人不是想走开，就是想插手帮我解决问题。而我真正需要的，不过是希望有个人能听我说说话而已。我不需要解决什么问题，也不要听什么建议，更不要听他们的事。我只是需要一个港湾，让我可以避风，可以疗伤，直到最后平静下来。"

我们不妨回忆一下自己那些安慰别人的经历，类似于"我只想一个人待会"的话又出现过多少次。我想，我们看到的玛利亚的内心独白就是这句"想一个人待会"的补充说明。虽然我们的朋友并不可能当面告诉我们这些，但是从他们的某些反应中我们不难读出他们没有直接说出来的那一部分。这也正是为什么后来很多人再面临需要安慰的朋友时会觉得不知道该说些什么的原因所在。我们不想再听到类似"我只是想单独待会"的话，我们更不想因为我们拙劣的安慰人的表达方法而给他们带来新的烦恼。

那么，到底是哪里出了问题？是我们说了那句并不恰当的"你还好吗"，还是因为别的什么？我们可以想想玛利亚的这段话：

"听到我说实话的人不是想走开，就是想插手帮我解决问题。而我真正需要的，不过是有个人能听我说说话而已。我不需要解决什么问题，也不要听什么建议，更不要听他们的事。我只是需要一个港湾，让我可以避风，可以疗伤，直到最后平静下来。"

对照一下吧！我们以玛利亚的感觉为例，看看那些正在经历痛苦和挫折的朋友，他们内心深处需要什么，不需要什么。同时，也对照一下对身边朋友曾经做出的安慰。看看我们曾经想当然地给了他们多少我们以为他们需要可实际上他们并不需要甚至很反感的东西。由此我们可以看出，在安慰别人的时候我们在表达方面确实犯了不少错误，但这不是根本的原因，更深层次的原因是我们根本没弄明白安慰的真谛到底什么。

安慰的真谛是什么？真正的安慰是放下理性，回归心灵。它的本质是一种情感的共鸣和互动。每个人都有权利也有责任为自己的行为承担后果，我们的安慰只是要承认并理解他们的痛苦的存在，并听任他们去感受，而并不是要告诉他们什么样的感受是应该的，什么样的感受又是不应该的。没有人知道别人正在经历的具体是一种什么样的感受，但是，不管他们此刻的感受是什么样的，他们都有权利去那么感觉。作为一个试图安慰他们的人，你要做的不是判定感觉的对与错，不是想他们哪里不对，哪里需要修正。我们的责任就是尽可能地给予他们做自己和尽情哭笑的空间。我们向他们表达关切，但不需要赞同或者反对他们的感受，更不需要去干涉他们选择处理困境的方式。除非他们向你寻求帮助，但是那是帮助，那已经不是安慰了。

所以，当我们在谈论安慰的时候，我们谈论的是情感、感受和理解，而不是理性、评论和干涉。安慰，是最不能讲道理的情感的共鸣和交流。这个问题解决了，我们才有可能进一步解决表达技巧上的那些小失误。

有效安慰拒绝导师范

早在几千年前，我们的孟老夫子就说过："人之患在好为人师。"没错，好为人师应该是人的天性中的一部分。有些人可称得上是上知天文、下知地理、中晓时事。他们会利用一切有可能的机会来显摆一下自己的博学和睿智，如果不这样做，那感觉就像是被人卡住了喉咙一样难受。但是，实事求是地说，这样做的后果往往是事与愿违，尤其是在别人需要安慰的时候，这些把自己想象成人生导师的举动更是让他人反感不已。

张枫失恋了，他与女友谈了将近八年的恋爱。这些年相亲相爱，从大学毕业他们就在一起，三年后女友出国深造，他在国内努力打拼，并为她做好一切后勤保障工作。再三年后，女友像一只金凤凰一样从美国飞回来，这时候的张枫在事业上也算是小有所成。女友的回归更是给了张枫前所未有的动力，两年的时间里张枫把自己所有的资源都利用到了极限，尽自己所能为女友搭建更好的发展平台。这期间他们买了房子，见了双方的父母，也把婚姻大事提上了日程。当所有人都觉得他们俩好事将近的时候，他们分手了。在家里昏睡了一天一夜之后，张枫拨通了死党周扬的电话：

"我失恋了，出来陪我喝一杯。"

电话里张枫尽量让自己的声音听起来正常一些，但还是有掩饰不住的疲惫。

"开什么玩笑？她怎么可以这么做？"

惊讶之余，周扬的声音透着愤怒。

"你出来陪我喝一杯吧！"

"我就搞不懂了，她凭什么这样对你？这些年你是怎么过来的，你为她付出了多少。别人不知道，我可全都看在眼里的。她这么做就是典型的忘恩负义你知道吗？……"

"不说这些，陪我喝一杯就好。"

"我早就想到会有这一天，从她自己决定要去美国根本就不跟你商量的时候我就知道。这女人不靠谱。亏得你还对她一片痴心。话说回来，她回国之后你要是先把婚结了的话，也许事情就不会是这样了。"

"我只想好好地喝一杯。"

"你没必要这样，天涯何处无芳草，为这样的女人你不值得。"

"算了，我觉得有些累了，你先忙吧！我睡觉了。"

"别呀！我都已经准备出门了，你等着，我一会就到。陪你出去好好喝一杯。"

周扬不知道刚才一直嚷着出去喝一杯的张枫，怎么突然间就想睡觉了。他一边收拾着东西准备出门，一边冲电话里喊。但是张枫的回应依旧是淡淡的：

"你真的不用过来了，我这就睡了，你忙你的事情吧！"

周扬还要再说什么，张枫已经挂断了电话。

这样的场景在生活中并不少见，明明是一个人打电话来说最近很烦要出去透透气，但是电话还没聊完，就已经改变了主意。这时候我们要注意了，如果不是发生了什么特别要紧的事情，就是你安慰别人的话出了问题。就像故事里面的周扬一样，面对一个失恋的人，我们该怎么去安慰？最起码那些陈词滥调的话像什么"天涯何处无芳草"之类的，你就没必要再说了。同时，你也没必要站在道德的高度，把自己看作正义的化身，替自己的朋友出气，高声叫骂"她怎么可以做出这样的事呢？简直是不知好歹，她这么做迟早会得到报应的"之类的话。这些话听起来好像是在说，你永远都会站在他这一边，但是却很有可能一不小心又揭开了他心中快要结痂的伤口。甚至，一个失恋的人更多的是会感觉到痛，却不会把对方看作一个十恶不赦的坏人。你这么说，倒很有可能激起他的反感。更不要让自己扮演事后诸葛亮的角色，跟他说："我早就知道会发生这样的事情，你要是当初不这么做就好了。"就算你说的有道理，也早就已经违背了放弃理性、回归心灵的真谛。与其说这些倒不如跟他说，发生这样的事情你也感到很遗憾，虽然你不能完全体会他的伤心，但是他无论怎么难受都是有自己的道理的。随便问问他希望你做些什么，如果可以就陪他一起去做。

但是，我们看看张枫和周扬的对话。周扬完全就是一个错误的示范，不应该在这时候说的话，他一句都没有落下。倒是张枫希望他做的——陪他喝一杯的要求，他却没加理会，甚至都没说一句"兄弟，不管发生什么事，我都很关心你"。

我们很多时候就是这样，当别人需要安慰的时候，他们想要的无非就是关心。但是我们却很少能够做到这一点，我们把其他的话都说了，恰恰就是忘记了这一点。对朋友是这样，夫妻之间也莫不如此。尤其是那些自以为很能干的男人，面对女人的倾诉他们更容易做一个"拯救她们的人"或者是"能够点醒她们的人"。当爱人告诉他们她正面临的困境的时候，他们首先考虑的就是：我应该怎么解决这个问题。

如果一个女人跟自己的丈夫诉说工作上的不顺心，而她的丈夫又是感觉自己比较能做事的人，他回复的最多的应该是这样的话：

"如果你上班上得那么辛苦，薪水又不是很高，那么不如回家好了。我又不是养不起你，干吗弄得整天抱怨不休的，影响自己的心情也影响家的气氛。"

如果不巧，这个丈夫感觉自己还不足以养一个全职太太的话，他最有可能做出的回应就是要么非常积极地帮她出谋划策，其实多半都是在瞎指挥，要么就是跟她一起痛骂哪个同事或者上司。再不然就是告诉她，做得不开心就换一家更好的公司好了。

不管是你选择了上面的哪一种方法来说安慰的话，事实都会很快告诉你，你错得很离谱。如果你想安慰她，你的正确表达方式应该是这样的：

"我知道你很辛苦，但是我想让你知道，我一直都在你身边，我会永远支持你的。"

"你知道，我很相信你。"

"这确实是个问题，不过我相信你一定会有办法解决这个问题。"

总之，要记住：有效的安慰就要拒绝导师范，妄加评断和横加干涉都不如关心更加管用。

不要以他的痛苦反衬你的幸福

坦白说，安慰别人并不是一件非常容易的事情。但是我们身边却还有不少的人热衷于安慰这件事。不过从实际的情况来看，但凡对这件事比较热衷的人，都鲜有会安慰人的高手。这跟他们为什么会对安慰别人这么热心有很大的关系。当然这并不是说所有主动去安慰别人的人都不懂得安慰的艺术，而是说，懂得安慰真相的人，会明白把这件事做好的难度有多大。他们在面临需要安慰的朋友或者亲人的时候会变得很谨慎，如果在面对这种情况的时候表现的莫名兴奋，他们很有可能是受到了另外一种心理的影响，心理学研究证明，不管在什么时候都有一种对比的心理。同样，在看到别人面临的困境或者正在经历痛苦的时候，就会不可避免地通过对比唤起自己的优越感。我们说的那种过分热心于安慰和开导别人的人，多半会受到这种心理的影响。而且，这时候他们说出来的安慰别人的话，稍不注意就会引起别人的反感。

有一位经商多年的朋友说起过一个因为安慰不当而引起的社交事故。有一次，他的家里举办了一场茶话沙龙，邀请几个平时私交不错的朋友来家里坐坐，一起聊聊天喝喝茶。在来的客人当中，有一位朋友 A 最近不是很顺。这位朋友因为经营上的问题，在不久之前他的公司被迫关闭。他的妻子也因为无法承受这突如其来的压力而要与他离婚。在内外双重压力的困扰下，A 最近非常苦恼。这位朋友把大家聚在自己家里的本意就是大家一起陪他聊聊，借着热闹的气氛让他的压力稍微得到一些缓解。

前来吃饭的人，都知道 A 目前的状况，所以在聊天的时候都有意避开生意场上的那些事。不巧的是，有一位朋友 B 最近生意做得顺风顺水，赚了一大笔钱。刚开始聊的时候他还能顾及别人的感受，但是随着谈兴渐浓就渐渐有些无所顾忌了，开始忍不住大谈特谈自己赚钱的能力和花钱的功夫。那种得意的神情，连主人都有些看不过去了。更让别人没想到的是，聊着聊着竟然开始安慰起 A 来，说什么根本就没有做不好的生意，只有做不好生意的人。要是像他这样经营的话，公司也不至于到倒闭的地步。从 B 开口的时候 A 的脸色就变得有些难看了。一开始他还能假装听不见，低头不语。但是当 B 开始安慰他的时候，他就不得不做出一些回应。B 那些明显带有一些自夸的话，在他听来就像是一根根针一样插在他的心上，要多难过就有多难过，终于忍不住找个借口早早地离开了。A 离席之后，大家把目光都投向了 B，最后 B 也从大家的目光中读出了责备的意思，只好在尴尬中借故离开了。

千万不要在失意的人面前谈论你的得意，不管你是出于什么样的目的，以安慰别人的名义来凸显自己的优势更是不可取的。也许你的出发点是好的，谈及自己的得意之处也许只是无心之举，并没有伤害别人的意思。但是人在失意的时候最脆弱也最容易多心。你的谈论在他听来都充满了讽刺与嘲讽的味道，他会觉得你说这些就是看不起他的表现。所以请记住即使是出于安慰别人的目的，也不要在言谈中拿对方跟自己做对比，尤其是不要跟你的优势做对比。这对失意的人绝对是一种伤害。

阿香和爱秀是一对二十多年的好闺蜜。两个人从中学的时候开始就整天腻在一起，但是最近阿香却说她真的不想再跟阿秀做朋友了。身边的朋友对阿香的这些话感到非常费解。这不光是因为她们是二十多年的好闺蜜，还有一个原因就是阿香最近经历婚变，这个当口都是阿秀在帮着她张罗一切，帮着她重新找新的住处，帮着她一起选买家具。知道阿香心情不好，阿秀还花了大把的时间来陪她。对于一个肯如此帮自己的朋友，阿香怎么会说出不想跟她做朋友的话来呢！

"我也知道她帮了我不少的忙，她还总是寻找一切机会来安慰我。但是不知道她是不是有心的，我总觉得她安慰我的那些话，怎么听都是在挖苦我。我真是再也受不了了。"

然后阿香开始讲述事情的缘由：

"阿秀每次在说到自己家的孩子时，都说顺带对我说：'瞧瞧你多好呀！孩子都不用自己带，我天天带孩子累都累死了。'

"她明知道不是我不想要孩子，只是我争不过我的前夫而已，我前夫的家境很富裕，就连法官都觉得孩子在这样的家庭生活会比跟着我好一些。我还能有什么办法呢？我也跟她说过让她不要这么说，孩子不在我的身边，我想想都很难过。但是她好像是成心让我难受似的。经常说一些'还是你一个人好，回家都不用做饭''真羡慕你一个人，平时也没有人来打扰，多安静呀'之类的话。她明明知道，当初我为了保住一个完整的家庭付出了多少的努力，我不惜一切代价想要留住前夫和孩子。如果可以选择的话，我宁愿有孩子让我劳累，我也宁愿有公婆可以让我照顾。那样我就可以拥有一个完整的家了，但是所有人都不给我这个机会，我再难过又有什么用？这一切阿秀比谁都清楚，但是她偏偏要说那些'还是你比较好'之类的话。我怎么能跟一个经常在我伤口上撒盐的人做朋友呢？"

如果作为一个旁观者来看，阿秀说这些话的本意未必就是想要在阿香的伤口上撒盐。她不过是想让对方觉得自己生活也没什么不好的。被一个家庭牢牢套住也未必是一件幸福的事情。最起码她是想通过这样的暗示，试图让阿香变得好受一些。但是结果呢，事与愿违。阿香连朋友都不想跟她做了。阿秀所犯的错误跟上一个故事当中的 B 一样，都是下意识地在对别人的安慰中凸显自己的优势，用别人的痛苦来反衬自己的幸福。虽然自己未必有心，但是在对方看来绝对是故意的。所以，如果真的想要安慰别人，请在说话之前一定要想清楚，不要用自己和别人来做比较，除非你比他还惨。

安慰剂少不了一味希望的药

关于安慰，我们探讨了失恋、婚变、事业受挫，接下来我们来聊一下关于探望病人时的安慰技巧。探望病人，我们首先要记住的一点就是我们探望的是"人"而不是"病"。我们千万不要在"病"上关注过多。毕竟我们不是专业的医生，我们在这方面讨论得再多也不会对病人的康复有帮助，相反的还有可能增加病人不必要的心理负担。因为生病的人本来就背着病的精神包袱，你再过多地谈论他的病情，肯定会加重他的精神负担。但是，毕竟我们要探望的是一个生病的人，如果我们对于病情的回避过于刻意，反而会容易让他疑心，他甚至会猜测自己是不是已经得了什么不治之症。

那么最恰当的做法是什么样的呢？就是如果病人愿意聊起的话，就简单问问病情。然后尽快转移话题，尽量多聊一些自己身边的趣闻轶事，或者是病人平时比较喜欢和擅长的事情，以转移病人的注意力，减轻他的精神负担。因为病人长时间在病房里待着，这种新鲜的消息是他渴望知道的。如果能谈一点跟病人关系密切的好消息的话，就更能使他感到精神愉快、心情舒畅，也能帮他尽快恢复。但是切记转移话题不要过于刻意，如果病人愿意跟你聊聊生病的事，也不能谈病色变避之不及。因为在通常情况下病人总是要跟探望的人讲讲自己的病情和感觉的，这时候只要他愿意讲你就应该认真地聆听。不过，聆听有一个原则，就是要善于从病人的讲述中发现一些对病人有利的因素，从而接着这个话题给病人以安慰。比如，病人在讲述中提到"虽然身体还是感觉乏力，但是胃口不错，特别能吃"，探望者就可以借着这个"胃口好"来安慰病人，可以多谈一些胃口好对身体健康的重要作用，使病人认同这是个非常有利的现象，增强病人对于尽快康复的信念。

不管是出于隐私还是别的原因，如果病人不愿意提及自己的病情，作为探望者千万不要贸然打听。总之，安慰病人的原则是表达自己的关心，让病人感到宽心，增强病人康复的信心。我们来看下面两个故事：

老张和老黄在一个单位工作了一辈子，退休后又在一个大院里住着。不仅如此，由于退休之后日子过得比较清闲，他们经常相约一起钓鱼，还是一对不错的钓友。这几天老张钓鱼的时候总也看不见老黄的影子，一打听才知道老黄已经住院好几天了。就到医院来看老黄，顺便还带着自己新买的鱼竿。老张来到病房，把带来的水果放在小柜上跟老黄说：

"我说这几天总也看不见你呢？原来跑这躲清闲来了。"

老黄，也赶紧从床上坐起来：

"躲什么清闲，我这是生病了，身体不适。"

"呦，看你这气色可不像呀！你自己要不说，我都不敢说。"

"那倒是，其实也没什么。就是前几天觉得胸口有点闷，都是孩子们大惊小怪，非要到医院来。"

"我看也是没什么，搁我的话，我就不管你。没办法，谁让你儿子媳妇孝顺呢，你就偷着乐吧！"

说着话老张有意无意地摆弄着新鱼竿，老黄一眼就看出来了："新的吧？宝飞龙的竞技龙？"

"行，眼力不错。就为了赢你，还行吧？"

"就你还想赢我？"

"有了称手的家伙，我就天天搁家里练，还赢不了你？"

说完，老张开始站起身来：

"我得赶紧回去了，抓紧时间练练，我就是来让你看看我的新家伙，顺道瞧瞧你。反正你也不是啥正经病人。"

老张告辞离开了病房，老黄就开始犯嘀咕了：

"不行，论实力我们俩差不多少，这家伙装备都已经换了，再让他练上几天，没准还真搞不赢他……"

第二天，老黄的另一位老同事老徐也来到医院看望他，老黄的儿子东子带着他来到病房。

"你说你怎么说病就病了呢？我一听说你的消息，就马不停蹄地赶过来了。不过看你这气色还行，比我想象的要好一些。"

老徐一边在床边的凳子上坐下来，一边说着。但是老黄一听老徐的话心里就咯噔一下：

"老徐，你都听说什么了？照你想象的那样，我现在应该啥样了？"

老徐一听老黄多心了，赶紧解释：

"我能听说啥，你可别瞎琢磨。我是说你的气色很好，不像是有病的样子。"

"嗯，我也觉得是，我都没觉得有多难受，估计也没啥。"

老黄这才缓了一口气。

"不过，话说回来，到了咱们这个岁数，什么事你都得注意点。你还记得前年走的那个老科长吗？也是说没啥事，结果人说没就没了。"

这次老黄的脸色有些变了，都不知道该说什么了。在一旁的东子赶紧把一杯水递给老徐。老徐喝一口水接着问老黄：

"医生说了没，啥毛病呀？"

老黄想了想回答：

"这几天就是忙着各种检查、拍片子，也没检查出来什么毛病，医生说就是做一下全身的排查。"

"是，现在很多医生都这么说，就是做一下排查，就是有啥事他都不会轻易告诉你。要说也是，医生也是人呀！也害怕影响了病人的情绪，到时候家属再不依不饶的……"

还没等老徐的话说完呢，一边的东子就再也忍不住了，站起来一边把病房门打开，一边对老徐说：

"徐叔，马上要到中午了，我带您去外面吃点饭吧！医院的饭也不可口。"

被人家下了逐客令，老徐的脸上也有点挂不住了，哪里还去吃什么饭，在走廊里就跟东子告别回去了。但是送走老徐的东子刚一回到病房就被爸爸追问：

"儿子，你说实话，是不是对我隐瞒了什么？"

同样的一个病人，在老张来探望过以后，他一心就惦记着早点回去跟他比比钓鱼的技术。但是老徐来过之后，就开始变得忧心忡忡，不停地追问儿子是不是对他隐瞒了病情。这都是因为他们不同的表达方式所导致的结果的差异。老张进来之后只是象征性地问了一下病情，而且一开口就说老黄的气色好，不像是生病的人。然后顺着老黄的话，说之所以住院是因为孩子们的孝心。再然后就巧妙地运用自带的道具，把老黄的注意力转移到了他们都喜欢的钓鱼上面，所以老张走了以后，老黄还惦记着回家跟他比试技术呢！

但是我们再来看看老徐，同样是说气色比较好的话，他的那句"比我想象的要好一些"一下子就引起了病人的猜疑。而且，在接下来的谈话中，他始终没离开过老黄的病情。最后他想聊一聊社会话题，却一下子戳中了病人的软肋，弄得病人的家属不得不把他请出去。不得不说，这一切都是因为老徐不懂得安慰的话怎么说。

闭上嘴巴，陪伴也是一种高明的安慰

之前看到很多电影电视里面出现吊唁的镜头，里面所有的来宾都只是跟家属简短地说一声"节哀顺变"就结束了交谈。这让我感到非常不解，就这么几个字怎么能够安慰正在面对失去亲人的巨大痛苦的家属呢？直到听到一位朋友讲述他的故事以后，才明白这当中蕴含着的安慰的表达技巧。

电话响起的时候，王青下班才回到家里。刚刚经过十一大促的紧张和忙碌，她已经累得腿都抬不起来了。电话里邻居的婶子告诉王青，她妈妈刚刚走了，急性脑梗，很突然。王青的两个弟弟还在医院里守着，等她回去一起把妈妈接回家去。

一个月以后，王青从家里回来。聊起妈妈的葬礼，除了悲伤，还透着一些气恼。王青说在妈妈的葬礼上她失言了，还得罪了不少的长辈，差点就把妈妈的葬礼给搅了。但是王青说她不后悔。说起来，还是安慰的话惹的祸。

"我不知道你们是不是故意这么说的，如果不是的话，我请你们别说话了好吗？我心里真的很难受。"

这是王青对那些长辈说的那句很不礼貌的话。原来，在妈妈的葬礼上，所有的年轻人都在跑前跑后地忙活着，几个上了岁数的长辈陪在他们几个身边，你一言我一语地安慰着他们。

"你说怎么会发生这样的事呢？前两天还好好的，我们还在一起聊天来着，你说这突然就走了，真的是太可怜了。"

"可不是吗？孩子们都还没什么，毕竟都长大成家了，各过各的日子，时间一长也就那样了。你说这老头怎么办？留下他一个人孤零零的，连个说话的人都没有。"

然后他们问王青：

"怎么会这样呢？你们家可是有医生的呀！可惜呀！就连医生也救不回自己的妈妈。"

"对呀！你们家有医生呀！怎么就没有及早发现呢？是不是因为平时都太忙了呀？"

王青说，听到这里她再也忍不住了。没错，她小弟弟是医生。那又怎么样，有医生的家里就有了生死的赦免权了吗？他们一直在说怎么会这样，为什么会发生这样的事。难道不知道这么说我们会更加难受吗？他们真的是在安慰我们吗？所以，控制不住情绪的王青就说出来那句在那些长辈们听起来很不礼貌的话。

听到王青的倾诉，我突然就明白了，为什么那么多的人在葬礼上都对家属说着一样的话："请节哀。"因为这时候，对于家属来说，你说得再多再有道理都没办法减轻他们一丁点的痛苦。我们能做的就只能是告诉家属，请你尽量保持适度的悲伤，别因此损害了你的身体，因为我们都很关心你。也许，这时候只有"请节哀"这三个字是最合适的吧！

相反地，如果就像王青说的那些长辈们一样，明明是想安慰别人而说的那些话，到头了却让他们更加悲伤，这些话对于家属来说不但起不到安慰的效果，反而更像是雪上加霜。不过也难怪他们会说出这样的话来，在这种生离死别的重大变故面前，懂得安慰的人实在是不多。这些变故会让当事人的家属经受重大的情绪挫折，这时候他们特别容易受到言语的伤害。但是这时候前来安慰的人最常用的句式就是：

"为什么？"

"怎么会这样？"

"为什么会发生这样的事情？"

其实，他们说这些话只是想要表示一下关心。但是他们没想到的是，这时候当事人的情绪尚未平稳，而且在你开口之前他可能已经听过很多遍了。别人每多问一遍，就等于他要再一次揭开自己血淋淋的伤口给你看。这又该是一种什么样的伤痛！这样的安慰难免会让别人觉得，你这么追根究底不过是想满足自己的好奇心而已，你不过是把他们的悲伤当作一个故事来听而已。这样一来，再想想青在妈妈的葬礼上说的那句话，也就会觉得完全都在情理之中了。

其实，也不光是在生离死别这种大的变故面前，有很多时候我们面对正在经历痛苦的朋友，除了表达关心之外并没有别的什么更好的办法。那么我们到底应该怎么办呢？陪伴一个正在痛苦的人，我们对他们所能做出的最好的帮助之一，就是在简单表达过关心之后，把自己的嘴闭上，在陪伴中给对方一个安静的空间。这个空间是他自己的，我们不打扰，不干涉，只陪伴。因为在这些特殊的时候，他们很有可能不想说话，也不想回忆。他们只需要平静的陪伴。这种陪伴有时候是一种身体上的，有时候也可以是一种精神上的。有时候你和他在一起，紧紧地陪在他的身边。你们可以不必交流，只是在一起听听音乐或者各自做着各自的事情，沉浸在各自的思绪中。

有时候，你只需要告诉他你永远和他在一起，然后给他一个完全独立的空间，你只是不时地通过电话、微信，让他感觉到你从未离开。甚至有时候你只需要静静地关注他，不去打扰。但是，这之前一定要清楚而坚定地告诉他：我们都很关心你，我们会一直在你身边，如果有需要我们很愿意帮你去做一些事情。在语言无法再给你的朋友带来安慰的时候，请记住在简短的关心之后，闭上你的嘴巴，陪伴也是一种高明的安慰。

第七章

CHAPTER 7

谈判：心理和技巧都要强悍

　　我们面对的现实世界就是一个巨大的谈判桌，不管我们喜欢与否，都已置身其中。如何处理同形形色色人士之间的关系甚至是冲突，决定了我们是否能够摘取成功的桂冠，以及是否能过上充实、惬意的生活。

不管你是谁，你都能争取更多

我们现在进入好好说话的最后一个痛点领域：谈判。为什么要学谈判呢？这些东西好像跟我们没有太大的关系。没错，在不少人的印象当中，谈判是个非常大的事情。都是一些精英分子或者是大人物才做得来的，那个场景往往是两大帮敌对的人坐在一个超级大的桌子两边，两帮人唇枪舌剑，你来我往互不相让。赢的一方从此名利双收，输的一方元气大伤甚至是就此一蹶不振。想想都能感受到那种窒息的紧张和透骨的凉意。所以，一提起谈判，我们最本能的感觉就是：第一，都是一些大人物才玩得起的游戏；第二，非常冷酷无情，简直就是你死我活。正是因为这样，我们才会对谈判避之不及，嘴上说的是我们都是升斗小民，玩不了这么高端的游戏。其实，那还没说出来的半句话，你可以理解为：我们并不想跟谁对抗，也不想跟谁争得你死我活。

那么，事实的真相又是什么呢？谈判真的就像我们所想象的那样吗？我们先来听听几个谈判界的大师是怎么说的。

大师赫布·科恩在谈到关于"谈判是什么"的话题时，他是这样叙述的：

"你所面对的现实世界其实就是一个巨大的谈判桌，不管喜欢与否，你都是局中人。作为社会中的一个个体，你难免和别人发生冲突，比如家人、业务员、竞争者等，还有可能遇到具有'创业者'或者'权力核心分子'这样吓人的头衔的人物。如何处理同他们之间的关系甚至是冲突，不仅决定你是否能够摘取成功的桂冠，而且还决定着你能否过上充实、惬意的生活。"

也许你已经看明白了，赫布·科恩的意思是：第一，其实你喜欢或者不喜欢都不太重要，因为生活就是一张巨大的谈判桌，在你还没有意识到的时候，你就已经入局了；第二，谈判并不是只有那些手握重权或者腰缠万贯的大人物才能玩的游戏，谈判其实很亲民，其实它一直就在你的身边，只是你还没有意识到而已。不仅如此，为了向我们解释谈判到底有多么司空见惯，他讲了一个发生在自己家里的事情，他说这些在家里随时都可能发生的事情其实就是谈判。我们一起来看看他的这个谈判到底能不能改变我们对谈判敬而远之的态度：

"我和妻子有3个孩子。我们最小的儿子在9岁的时候体重只有50磅（约23公斤），在与他们同年龄的孩子当中，他的体重是明显偏轻的。我的小儿子经常会让我们感到难堪，事实上，他是我们家庭中所有纠结的根源。因为我和妻子均属于能吃的那种人，或者说是美食家，所以老大、老二都继承了我们的'优点'，胃口好得出奇。但自从我们俩有了老三之后，问题便接踵而来，人们常常

会好奇地问我们：'这孩子是从哪里来的？是你们生的吗？'

"老三如此瘦弱与他的人生逻辑有很大的关系，提供食物的地方他都是避之不及的。对于他来说，'用餐''厨房''晚餐'和'食物'都是俗不可耐的字眼。

"几年前，我在辛苦地忙碌、奔波了一周之后，于星期五晚上回到家里。

"出门在外的旅途是非常寂寞的——至少对于我这样的人来说确实如此。我一边在回家的路上走，一边在脑海里构思着一场隐约潜在的谈判——回家同妻子好好谈谈。走进家门后，情况让我大失所望，妻子像胎儿似的蜷缩在躺椅上，无聊地吸吮着手指。我顿时感到非常惊诧，马上意识到妻子可能遇到了什么不顺心的事。恰在这时，听见她喃喃地说：'今天简直是糟透了。'

"为了能让她尽快摆脱忧郁，我立刻说：'今晚我们为什么不去饭馆吃一顿呢？'刚一说完，妻子和老大、老二便异口同声地回答道：'太好了。'但是 9 岁的小儿子并不同意。他说：'我不去饭馆吃饭！'这时，我突然变得非常急躁，一下子抱起他并把他放进了车里，这也是一种谈判——不容分说。

"来到饭馆后，小儿子还是没有停止抱怨。最后他说：'爸爸，为什么我必须和你们围着桌子坐？为什么我不能坐在桌子底下？'

"我转向妻子说：'这样行吗？我们四个人围着桌子坐，桌子下面还有一个。我们还可以省下一部分钱呢！'她开始不同意，但是我还是说服了她。

"晚餐开始后的前 10 分钟大家都相安无事。但在上第二道菜之前，我感到一个黏糊糊的小手摸着我的腿。几秒钟后，我的妻子好像受到了强烈的刺激，一下子从座位上跳了起来。

"这时，我真的来气了，把手伸到桌子下面，抓住这个'捣蛋鬼'的肩膀，把他拉出来，一把按在靠近我的座位上，以低沉的声音对他说：'就坐在这儿！不准动，别跟我说话，也不要惹你妈、哥哥和姐姐！'

"他答应道：'行，可是我能站到椅子上去吗？'

"'可以'，我不得不做出让步，'那你就一个人爱干吗干吗，别再吵到大家。'

"20 秒钟后，大家都不再理睬这个独自在墙边玩耍的小鬼，可他却在没有任何先兆的情况下，把手放在嘴边围成口杯状，大声地叫嚷道：'这是一个令人恶心的餐厅！'

"我感到异常震惊，再也无法保持优雅的风度，但脑子还算清醒。我捏住这小家伙的脖子，把他塞进了桌子底下，然后要求买单，草草结账离开了饭馆。

"在回家的路上，妻子对我说：'赫布，我想我们应该吸取今天的教训，以后不要再把这家伙带到饭馆了。'

"我不得不认罪似的同意，再也不带这个瘦瘦的小儿子外出用餐了。在那个令人窘迫的时刻，我们这个 9 岁的孩子所做的一切就是用某种力量来影响我们的行为。就像今天很多孩子一样，他也是一个谈判者——至少是和他的父母谈判。"

如果不是赫布·科恩自己讲述的而且还特意说明是自己家的一场谈判，你会觉得这是一场谈判吗？

沃顿商学院谈判课的教授斯图尔特·戴蒙德讲述过这样一个故事：

"在商学院我的班上，有一位名叫丽莎·斯蒂芬斯的女士，她有一个5岁的女儿。一个星期六的早上，她女儿在厨房里摔了一跤，额头被餐桌的尖角划了一道深深的伤口。这个名叫奥布丽的孩子情绪激动，暴躁不安。孩子的外公——丽莎的父亲——也情绪激动，暴躁不安。

"显然，奥布丽必须去医院缝几针，但她就是不肯去，她拼命抱住桌子不放，没人能将她的小手指从餐桌上掰开。

"丽莎也快情绪失控了，这时，她突然停了下来。她对自己说：'等等，我正在学习谈判课程，我要用谈判来解决这个问题。'

"于是，丽莎走到女儿身边，轻轻地摸了一下女儿的手臂。'妈妈爱你吗？'丽莎问。'爱。'她女儿抽了抽鼻子，平静了下来。

"'妈妈会做任何伤害你的事吗？'丽莎问。'不会。'女儿说。

"'在我们长大成人的过程中，有时候我们是不是必须做一些我们不喜欢做的事呢？'丽莎问。'是。'奥布丽说。

"'妈妈就接受过手术，'丽莎说，她让女儿看看自己的伤疤，

'外公也接受过手术。'丽莎的父亲也让奥布丽看了看自己的伤疤。不到 5 分钟，丽莎的女儿就松开了桌子，自己朝汽车走去。"

这是一个典型的用谈判技巧解决家庭小矛盾的故事，而且主人公还是商学院一位正在学习谈判课程的女士。看过两位谈判界的大师关于谈判的故事之后，还会觉得谈判这件事离自己很远吗？还会对谈判这个词望而生畏吗？肯定不会了，就像赫布·科恩说的那样，我们早就已经入局了，我们能做的就是怎么把谈判这件事做得更好。那么，我们可以吗？我们借用一下斯图尔特·戴蒙德给出的一个基本原则：任何人都能争取更多。无论你是谁，性格如何，都能通过学习成为一名出色的谈判者。你能争取更多。

沉默，一种超越语言的力量

说话一定要看场合。心理学家告诉我们，在不同的场合中，人们对他人的话语会有不同的理解和感受，并表现出不同的心理承受力。由于受特殊场合的心理制约，有些话必须在特定的环境里说才能收到好的效果，但有些话就未必能产生这样的效果。同一句话，在这里说与在那里说产生的效果不一样。因此，说什么、怎么说，必须注意说话的语言环境，如果环境不合适，或者说话的时机未到，最好的办法就是保持沉默。因为在此时，沉默是一种超越语言力量的谈判。

一家美国公司正与一家日本公司进行贸易谈判。谈判之初，美方代表滔滔不绝地向日方介绍，但日方代表沉默不语，只是埋头记录。美方代表发言完毕，接着征求日方代表的意见。日方代表恍然大悟一般，说："我们完全不清楚，请允许我们回去研究一下。"于是，第一轮会谈就这样结束了。

两个星期后，日方派来另一个代表团，新的代表团在谈判桌上首先声明自己完全不了解情况。美方代表也无可奈何，只好将上次的介绍又说了一遍。不料，听完后日方代表的态度仍不明朗，说：

"我们完全不明白，请允许我们回去研究一下。"就这样，第二轮会谈又告结束。

又过了两个星期，日方又更换代表团，依旧是故技重施。这次，唯一的不同是他们告诉对方，一旦有讨论结果立刻通知美方。

最后半年时间都过去了，美方还没得到通知，认为日方不讲信用。就在此事将要不了了之的时候，日方突然派来一个董事长率领的代表团飞抵美国进行谈判，拿出了最后的方案，令美方代表措手不及。最后，双方达成了一个明显倾向于日方的协议。

可见，适时保持沉默是一种非常有效的谈判战术。沉默是话语中的间隙，是超越语言力量的交流方式。谈判中的沉默不是简单的沉默，而是"积极"的沉默。沉默可以表达不同的态度和观点。

在谈判的过程中，你可以在下面这些情形保持沉默。

（1）有些人表达意见、阐述观点时会情绪激昂、言辞锐利。对于情绪激动的人来说，在他激动时肯定会有一言抵三军的良好感觉。这时你发表的意见再怎么中肯，他一定会充耳不闻，或者竭力反对。但如果你在此刻保持沉默，等他平静下来后再与他心平气和地进行谈论，效果会不同。

（2）当对方为了维护己方的利益而极力反对你的观点时，并且对方的意见已经占据了主动地位，此时你最好保持沉默。

（3）专横的人往往更渴望别人的尊重，尊重他们的意见、观点，他们听不进别人的劝说和解释，更不允许别人超越自己。

面对专横的人，我们即使说得再透彻和精辟，他也不买你的账，甚至招来他的反感。所以，聪明的人一般会保持沉默，随他声嘶力竭、唾液横飞。你的沉默技巧会令他败下阵来，逐渐变得冷静，从而反思自己的言行。在专横的人面前保持沉默，通常能收到变被动为主动的效果。

（4）有时有理的一方急于表白声明，使对方了解真相，以维护自己的利益。但你面对的恰恰是些不明事理的人或者装糊涂的人，他故意不买你的账，这时你说得再透彻也是对牛弹琴，因为有理说不清啊！所以，别再白费力气了，你干脆保持沉默，反而使你能有所醒悟。

当然，谈判中的沉默是一种艺术，讲究分寸，不能随意乱用。那么，如何把握谈判中沉默的分寸呢？

（1）把握好沉默的时机。沉默的时机是有讲究的。适时沉默，会产生预期的效果；不该沉默的时候沉默，无法产生好的效果。

（2）沉默应与之前的发言、行为等积极配合，从某种意义上说，沉默是一种酝酿、准备，是等待时机的行为。

（3）沉默要切合谈判的需要。沉默看似是一种消极行为，实际则是以退为进的积极行动。沉默的目的在于更有效地进行谈判。

（4）把握好沉默时间的长短。根据谈判的需要，沉默时间该长则长，该短则短。积极的沉默不是长久的，而是暂时的，需要见好就收。

总之，沉默有时能在谈判中发挥出超越语言的力量。我们要充分有效地利用这种手段，达到表达立场、观点的目的，从而更轻松地获得谈判的胜利。

谈判不是对抗，而是要双赢

关于谈判，曾经有人问过几个问题：我们为什么要谈判？谈判能够带给我们什么？如果我们拒绝谈判将会怎么样？回答这几个问题我们不妨用上一节提到的丽莎和她 5 岁的女儿奥布丽的例子来说明。

丽莎为什么要跟奥布丽进行谈判？就是希望通过谈判奥布丽能够主动跟他们上医院处理伤口。

谈判能够带给他们什么？结束情绪上和行动上的对抗。不但让奥布丽的伤口得到及时的处理，还能进一步增进奥布丽和家人之间的感情。

如果丽莎没有选择谈判会怎么样？如果没有选择谈判，丽莎和她的爸爸就得完全不顾奥布丽的感受，强行把她带到医院。这会对奥布丽造成情绪上的伤害，而且因为奥布丽的极力反抗，还有可能造成她身体上的伤害。另外，丽莎和她的父亲也会因此让各自的情绪变得很糟糕。

这几个问题导出的就是谈判的第一原则：双赢。我们之所以谈判就是要通过谈的过程在双方都能接受的范围内谋求一个对双方都有利的结果。任何一个优秀的谈判者都要牢牢记住这一点。虽然，谈判的过程中会出现分歧、争执，但是我们应该意识到这是达成结果的方法与手段。真正的谈判并不是无休止地讨价还价，也不是蛮横不讲理。只要最终能够谈出来一个结果，那对于谈判当中的任何一方来说都是赢。因为谈判的原则就是互惠互利，谈判是基于双方的需要，寻求共同利益最大化的过程。

当然，在这一过程中，每一方都渴望满足自己直接或者间接的需求，但是必须要同时考虑到对方的需求，这样谈判才有成功的可能。我们会把谈判的对象叫作对手，但是从来不会把他们当作敌人，道理就在于此。很多高明的谈判者都会在坚持这一原则的基础上，把对手变成自己的朋友。

李彤是一位非常出色的动漫设计师，她最擅长的就是在设计的动漫人物形象当中把国外最前沿的元素融合到传统元素当中。所以她的设计在国内外都有不错的反响。而郑浩则是一家儿童玩具厂家的负责人。郑浩在做市场调研的时候，发现他的客户群都非常喜欢李彤设计出来的动漫人物形象，他就产生了一个大胆的想法。经过董事会的讨论之后，郑浩以公司的名义找到李彤，希望能够把她设计的动漫人物变成儿童玩具投入市场。这首先需要获得李彤的动漫人物形象的使用权才行。李彤深知自己手上的卡通人物形象的拥有权和使用权对于这款新玩具的重要性。所以在谈判的时候，给出了一个对自己非常有利，但是对于郑浩来说却是非常尴尬的条件。

对此李彤并没有太大的担心。因为郑浩所在公司在行业内有巨大的影响力，现在已经有好几家玩具厂家开始跟李彤接触。李彤这时候的想法是，如果郑浩不答应她的条件，她就会把自己手上的这些卡通人物形象的使用权授权给别的厂家。后来谈判的进程真如李彤事先预想的那样，郑浩给出的条件比自己早先提出来的低了很多。于是，李彤就打算结束这场谈判，把自己的授权交给别的厂家。不过，就在李彤准备起身走人的时候，郑浩说出来这样的一番话：

"谈判的第一原则就是要双赢。我们之所以能坐在这里，是因为你动漫人物形象跟我们的产品形象有着非常高的契合度。这就意味着，这款玩具一旦投入市场的话，最好的销售渠道和最优质的客户资源都在我们公司。说得再浅显一点，对于您来说，我有最合适您以您的动漫为原型的产品。而对于我们来说，您有最合适我们销售渠道的形象设计。这是我们双赢的基础。一款产品能不能在市场存活，除了形象之外，还有质量做工、销售渠道和宣传，这些都起着决定性的作用。没错，如果您换另外一个厂家，也许他们可以给出看起来要好很多的条件，但是如果一个厂家生产出来一款跟自己的销售渠道和客户资源储备都不匹配的产品的话，您应该知道这意味着什么。一旦产品无法存活于市场，其他的都不过是一纸空文而已。"

看到李彤的神色有些缓和，郑浩站起身来，走到离得李彤近一点的地方，继续说：

"做个类比，这有点像是给自己的宝贝千金找婆家。相信所有聪明的家长都不会只盯着对方给出的彩礼，彩礼之外他们考虑得更多的是两个年轻人脾气秉性、生活习惯等因素的契合度。这些才是决定他们婚姻存续最核心的东西，只有在这些方面都高度契合的两个人，他们的婚姻才会长久、美满……"

本来准备要离开的李彤，听完郑浩的一番话之后，当即就决定把自己的授权交给郑浩的公司。而且，通过这场谈判，他们还成了不错的朋友。

双方谈判的目的是为了共同解决各自的问题，而不是单纯地挤压对方的谈判空间，一方获得了预期的利益，不需要对方放弃预期利益作为代价，这不仅要找到最好的方法去满足双方的需要，还要解决责任和任务的分配。在自己能接受的范围之内给予对方想要得到的，而不是一味地索取。只有你满足对方一定的需求之后，他们才会给你相应的回报。

清华管理学教授宁向东老师在讲到谈判核心的时候说过："如果你要进行一场谈判，请你记住一句话：在整个谈判的过程中，最不重要的就是你，而不是你的对手。所以，尽管你有着很强的诉求，但你一定不要总是想着该怎样说服对手满足自己的需求，或者要求，而是要反过来想两件事。第一，对方有什么核心诉求，自己用什么来交换，才能满足对方的核心诉求。第二，满足了对方核心诉求之后，你能不能得到自己想要的东西。"他认为，把这两件事都想清楚了，而且总能找到解决办法来做到这两点的人，他一定可以成为一个谈判高手。最后他总结了一句话：让对方满意，是所有好的谈判都必须满足的条件，也是一个铁律。

所以，不管是跟家人还是跟同事或者是生意上的伙伴，在跟他们谈判的时候一定要牢记谈判不是对抗，而是要一起赢，一起变得更好。然后在这个过程中，在自己能接受的范围内满足对方的需求，只要能让他感觉是他赢了，那其实就是你赢了。

是先下手为强，还是先攻先破

既然谈判是要在双方都能接受的范围内寻求一种双赢的解决方案，那么，在谈判开始的时候谈判的双方就都要先把自己的底线亮出来，当然这时候亮出来的底线不一定就是真的底线，不过不管是真的还是假的，底线还是必须要亮一亮的。那么，问题来了。作为想要在谈判中争取更多的我们，是让对手先亮还是自己抢先对手一步首先声明低于什么样的条件我们是不会接受的呢？这两者对于谈判又分别有着什么样的影响？有人主张先下手为强，自己先开价可以运用心理学当中的"定位调整偏见"把双方的谈判范围紧紧"锚"定在对自己有利的范围内。但是也有人主张，一定要让对手先报价，而不是自己先报价。自己最先报价的话，如果报价达到了对手的期盼目标，将会对对手非常有利。所以，为了防止这种可能性的发生，就一定要想办法让对手先报价。

从现实情况来看，好像是对第二种观点表示认可的人比较多一些。于是，我们经常会听到这样的对话：

"老板，您这个怎么卖呀？"

"您喜欢这款呀？真是有眼光。那您打算花多少钱买？"

"客随主便，您先说说您准备卖多少钱？"

"嗯，这样，您要是真的有心买呢！只要是不让我亏得太多，我就卖给您了，不为别的，就为交个朋友。"

为什么绕来绕去，买卖双方谁都不肯先开口呢？就是他们都认定了一个道理，谁先报价谁吃亏。老板想的是：万一我碰上的是一个"棒槌"呢？我本来打算卖500的，我让他自己报价，他报的低了我可以不卖，但是万一他要是报800或者更多呢，我这岂不是白白捡了个大便宜吗？同样，顾客想的也差不多：我本来打算花500买下来，但是我得先听听他的报价，然后我再根据情况再砍一下。都说买的没有卖的精，我又不知道他的成本是多少，万一自己报高了，那岂不是白白让别人占了便宜？

大桥弘昌，美国纽约州律师，日本外国法律事务所律师，他就是这种观点的坚定支持者，并做过这样的表述："一定要让对手先报价。"为了证明自己的观点，他举了一个日本生活中常见的例子。他说比如一个人要租一套公寓，这时候他刚好看到报纸上有公寓出租的广告。广告上登载的月租金是15万日元。当然，这只是房东的要价，如果真要租的话，双方肯定会在租金方面进行一番商议，实际成交的价格一定会低于15万日元。他这时候把租客先报价和后报价做了两个预设的场景。如果是租客先报价，他觉得可能会是这样的情况：

房客："您在广告上说的是15万日元，但是我觉得13万日元会比较合适。如果您能以 13 万日元每月出租的话，我就租了。"

房主："那就 13 万日元一个月好了，我们把合同签了吧！"

于是，协议很快就达成了。租客以 13 万日元每月的价格入住。但是很有可能等入住了以后租客才发现，其他房客都只出了 11 万日元的租金。因为房东的意向租金也不过是 11 万日元每个月。这样一来，由于自己先报价的这位房客就比别人多支付了 2 万日元。

同时，大桥弘昌对另外一种情形做了假设。如果这位房客不是自己先报价格，而是让房主先报价的话，情况就可能是这样的：

房客："我看见您在广告上写的是 15 万日元，现在您给个实在的价格，我诚心想租，你最低愿意多少钱租给我呢？"

房主："那您觉得 12 万日元怎么样？已经比原来的租金低了不少了。"

房客："可是我能接受的租金价格是 10 万日元，高于这个价格的话，我可能就租不了了。"

房主："那这样吧！不如我们来折中一下，11 万日元吧！再低的话您就再上别的地方找找吧！"

房客："那好吧！既然您也这么有诚意，我也不好再驳回，那就 11 万日元吧！"

这么一看，是不是觉得还是让对方先报价比较合适呢！看来真是这样，以后遇到这样的情况无论如何都要争取让对方先报价。但是，先别着急，我们不妨思考一下该如何处理如下问题。

　　如果你在一家古董店里看中了一件清代的古董，非常喜欢。但是一看标价，卖家把价格标得非常高，以至于你根本就无法判断商家的真实底价到底是多少。这时候，你怎么办？请老板便宜一点？商家是希望价格越高越好的，你跟他哭穷他很有可能会指着另外一件唐朝的古董告诉你，那一件更贵，是你看中这件的 20 倍，以此来让你感到其实你要买的这件已经很便宜了。他还会跟你说，古董是个投资品，它将来只会越来越值钱，比起汽车和电子产品这些买到手里就贬值的东西来，这已经很划算了。这听起来也是那么回事。

　　那么，到底该怎么办呢？你可以试试"定位调整偏见"。这个"定位调整偏见"又是怎么回事？比如说，我们在召开大会或者是在学校里上大课的时候，现场会有很多的座位，而且这时候的座位是随便坐的。第一次我们都随意选了一个位子坐下来，然后中间休息，休息过后大家再次进来落座。这样经过五六次的进进出出，就会出现一个现象：大多数人都会选择他们第一次坐过的位子。这是为什么呢？就是因为大家的心里都有一个"锚"。这个"锚"就是自己第一次的选择，后面再选择座位的时候因为大家都被自己心里的"锚"给定在之前的位子上了，也就不会再做别的选择了。其实，不只选座位，我们在进行其他各种讨论和决策的时候都会受到这个"锚"的影响。

　　在谈判的过程中，我们可以直接定位到对方的底线，然后在这个定位附近的小范围内拉锯，这种通过定位效应，获得对自己有利谈判结果的方法，就叫作定位调整偏见。这样一来，对方就只能在定位附近波动，很难调整定位本身。怎么做到呢？有以下三个关键原则：

第一，争取自己先开价。当然，我们都希望会发生前面提到的那种情况。你本来打算卖 500，但是对方一开口就给出了 800 或者更高的价格，然后你就窃喜着答应了。但是在我们的实际生活中，这样的好事出现的概率又有多大呢？就算是对方一开始给出了一个让你感觉很不错的价格，但是很快他们就会反应过来，然后他们就会寻找各种借口来推翻自己的价格。倒不如自己先报价，先把价格给"锚"定，给对方使用"定位调整偏见"的机会。

第二，越极端越好。

第三，给出的极端价格不要一口咬死，而是要主动留出谈判的空间，以防直接让谈判陷入僵局。

我们再回到那个买古董的故事，其实，这个故事的人物原型是法国大文豪大仲马。我们来看看大仲马是怎么做的：

大仲马在看到他喜欢的古董非常高的标价之后，自己没说话转身就离开了。之后他找来自己的两个朋友，先让第一个朋友到店里去假装要买那件古董。但是他给出了一个低得不可思议的价格。老板一定就急了，非常生气地吼道："你是不是疯了？请赶紧离开！"

过了一会，大仲马又让他的另外一位朋友进去，还是要看那件古董，他给出的价格比第一位稍微高点，但是也相差无几。老板彻底抓狂了："这也太低了，你要真的想买就应该给一个差不多的价格才行呀！"

虽然老板很生气，并两次拒绝了他们，但是实际上，他的心理价格已经被从高处强行拉下来了。这时候，大仲马自己走进店里，在第二位朋友的基础上又加了一些钱，就把古董买下来了。

这么一听是不是觉得这样也非常有道理呀？那么，面对这样的问题，我们到底应该怎么选择呢？有道是兵无常势、水无常形，先报价还是后报价并没有绝对的优劣之分，也并非一成不变。如果你怕自己给出的价格超出了对方的预期而让自己吃亏的话，大可以让对方先报价。不过，如果对方也怀揣着跟你一样的想法呢？没关系，你大可不必跟他僵持，索性就自己先报价好了，顺便可以使用刘润老师交给我们的"定位调整偏见"岂不是更好？这样一来是不是觉得自己的谈判水平瞬间就超过了旁人一大截了呢，没错，灵活选择你就能成为谈判的高手。

谈判也可以讲感情

我们在前面强调过，谈判的本质是要在双方都可以接受的范围内谋求一种双赢的结果。这话没错，但是双赢只是一个终极目标，而这个谋求双赢的过程是充满了对立和争执的。就像我们常说的那句话：前途是光明的，但是过程却是坎坷曲折的。而在这个坎坷的过程当中，因为我们各自利益的不同，很容易形成一种对立的局面，有时候甚至会让谈判陷入僵局。这时候怎么办呢？请记住，涉及利益的问题，并不一定靠牺牲自己的利益才能解决。我们觉得都是充满非理性的，有些时候我们完全可以用情感来解决因利益而起的对立局面。

还记得我们之前提到过的那个跟大麻种植者谈判并取得成功的谈判大师斯图尔特·戴蒙德吗？他讲过一个用情感因素赢得谈判的故事。这个故事，是戴蒙德的一位学员讲给他听的。

那位学员说那天她跟男朋友一起准备乘飞机飞往巴黎去度周末，但是错过了登机的时间。虽然一路上紧赶慢赶，可是，等他们到达机场的时候，他们看到的是已经在缓缓收起的登机桥。这时候登机的通道已经关闭了，登机口的工作人员都在慢条斯理地整理着已经登机的旅客们留下来的票根。

他们一边朝着登机口狂奔一边对工作人员喊道：

"请等一等，我们还没有登机！"

"非常抱歉，你们已经错过了登机时间。"

工作人员非常平静地回答，显然，这种情况他们并不是第一次遇到，对此他们已经司空见惯了。

"可是这并不只是我们自己的原因，我们之前的航班晚点了，十分钟前我们才刚刚落地，而且，机场的工作人员答应我们会提前通知登机口的。"

这位女学员跟她的男朋友竭力向工作人员解释着发生这一切的原因，但是这并不能改变他们的态度。

"抱歉，这并不重要，重要的是，登机口已经关闭了。要知道，登机口一旦关闭，任何人都不能登机，不管是什么原因。"

从工作人员的态度中他们看不到任何希望，但是她真的非常不甘心。她想对那个看起来漫不经心的工作人员大吼大叫，他看起来是那么不近人情。但是她知道那样只能让事情变得更糟，她尽力控制着自己的这种冲动，强迫自己一定要冷静。她和她的男朋友隔着机场的大玻璃看着即将要起飞的飞机，这时候太阳已经落下去了，并不太刺眼的阳光让她看清楚了坐在飞机驾驶舱里面的两位飞行员。

突然，她好像想起来了什么，拉着男朋友来到玻璃窗正中的位置，因为在这个位置上他们能更清楚地看到两位飞行员，同时也便于这两位飞行员看到他们。就这样，他们把大包小包的行李都放在脚边，然后两个人一起紧紧地盯着飞行员，眼神中满是祈求与渴望。时间一分一秒地过去，飞机的引擎声开始变得越来越急，一个拿着指挥棒的人已经出现在了跑道上。而他们仿佛对这一切都浑然不觉，只是全神贯注地盯着飞行员。终于，一名飞机驾驶员抬起头，注意到了站在玻璃窗前的可怜兮兮的他们。但他只是看了他们一眼，就准备把目光移开，不过他们只是紧紧地盯着他看。片刻之后，他们看到这位飞机驾驶员的嘴唇动了几下，然后另一位驾驶员也看向了他们。随即，他点了点头。

飞机的引擎声变得小了一些，站在登机口附近的那位工作人员开始拿起了电话。之后，这位工作人员的表情开始变得有些不可思议。他一手拿着电话，一边朝他们喊："飞机驾驶员让你们快点登机！带上你们的行李！"

从这位工作人员的反应当中他们知道，这种事情绝对不是经常发生的。但是，无论如何他们做到了。所以不得不说，她是一位谈判的高手。当这位叫作陈瑞燕的学生告诉戴蒙德自己的这个故事以后，戴蒙德教授总结说：在这个谈判过程中她成功地运用了好几种谈判的技巧，比如说沉着冷静、不感情用事，比如说迅速找出谁才是最终的决策者，比如说排除干扰专注于自己的目标。但是戴蒙德教授没说的是她在这场谈判中成功地运用情感的力量来说服飞机的驾驶员做出了对他们非常有利的决定。要知道这一点是非常重要的，要知道如果在他们与飞机驾驶员对视的那段时间，他们的眼神中透露出来的不是祈求和希望，而是愤懑和责备的话，就算之前她做得再对，都不可能让飞机的驾驶员同意他们登机的。我们可以想象，飞机驾驶员做出这样的一个决定，是一个非常典型的非理性决策，我敢说这些肯定会与机场的某些规定不符。但是，他们就是那么做了，这就是在谈判中成功运用情感的结果。

我们再来看一个故事，说这个故事之前先问一个问题：如果你作为一个世界级的名人，面对蜂拥而来的各路记者你能通过谈判让他们手下留情，不把自己家里的小孩子曝光在公众面前吗？之所以这么问，是因为要做到这一点实在是太难了，做到这一点的石油大王洛克菲勒的儿子小洛克菲勒算是一个。

曾经有一次，小洛克菲勒和他的三个儿子在外出旅行的途中被一帮摄影记者认了出来。发现小洛克菲勒之后这帮记者就不由分说地围了上来，对着他们父子几人就是一顿狂拍。但是作为父亲的小洛克菲勒并不希望自己孩子的照片出现在公众的视野当中。但是严词拒绝吗？还是采取更为粗暴的方式把这些记者赶走？如果他真的那样做了，不但会遭到这些记者的集体反抗，甚至很有可能把自己的威望和良好的公众形象毁于一旦。于是，他就决定通过谈判解决这个问题，接下来他在跟记者的交谈中始终不把他们当作站在自己对立面的记者，而是让他们感觉到他们有一个共同点，就是他们都是孩子的家长或者将会成为孩子的家长。他们都是尽全力爱护自己子女的平常人。然后，他才以一个平常家长的身份向这些同样是家长或者将要成为家长的记者请求不要把小孩子们的照片付诸报端，因为那样对孩子的教育是非常不利的。

听到小洛克菲勒的这个请求的记者们，他们看待这个问题的角度已经从记者看待猛料变成家长看待自己需要保护的孩子了。所以，经过一番思考之后，他们选择了客气地告辞。因为他们知道，作为家长他不想自己的孩子受到伤害，同样他们也不应该去伤害另外一个家长的孩子。不得不说，这是谈判当中巧妙运用情感的又一次完美诠释。

亮筹码，把对方牢牢拴住的秘密

之前接触过一些自己做生意的朋友，发现他们有一个共同的特点。那就是在生意刚刚起步的阶段，他们尽可能地减少各种开销。但是他们往往会在这时候，买一辆看起来要超出他们承受能力的座驾。当我看到第一位朋友这么做的时候，只是以为那不过是他的虚荣心在作怪。但是后来就不觉得这是虚荣心的缘故了，因为好几个人都做了同样的事情。终于忍不住向他们请教个中的缘由，得到的回答是：

"如果你对这事看不上眼，你尽可以管我们这种做法叫作摆谱，这完全没错。但是从我们自己来讲，我觉得我们是在亮剑。有句话叫作'穿金卖金，穿银卖银'，很多时候你谈什么样的生意，生意谈得怎么样，跟你这一身行头的关系非常大。你尽可以说，那些亿万富翁怎么的朴实，然后他们慧眼识人看上了一个同样不修边幅的年轻人。那些事，我只当它是传说，反正跟我见到的都不是一回事。你就说我进货吧！如果我想要从某个厂家进货，跟他们的负责人谈这事，我开一辆好车过去跟我坐公交过去，谈判的难度根本不在一个级别上。其实，我们这么做是在给对方亮出自己的筹码，让他们知道，我这里有你想要的东西。只有这样人家才会认真跟你谈。"

他的话，突然让我想起了一些画面：

有两拨年轻人因为某些矛盾需要坐下来谈一谈。其中一方的领头人，在坐下来的时候有意无意地撩开了上衣的前襟，露出腰间鼓囊囊的一大块。刚才还在大声嚷嚷的对方代表看到这一幕，态度马上就有了很大的转变。

商场里，一个其貌不扬的年轻人受到了柜台小姐的冷落。他在不经意间，轻轻拍了拍自己鼓鼓的手提包，或者随意摆弄着手里的豪车钥匙。刚才还冷言冷语的柜台小姐，在一转眼之间就开始各种奉承。

一对年轻人在相亲，看起来女方对男方的条件不是太满意，一边无聊地摆弄着手里的杯子，一边等着拯救自己的电话响起。对面的男孩在说些什么她根本就没有听进去，也没心思听进去。但是就在电话响起的时候，男孩站起身从兜里掏出了一把豪车的钥匙，轻轻地放在面前的桌子上。女孩对着电话那边的人说："对不起，我现在有事走不开，这么一点小事你不会自己解决呀？"

以上这些人的做法跟那位开着好车去谈判的朋友的用意都是一样的，他们都是在向谈判的对手亮出自己的筹码。就是在有意无意之间告诉对方，我这里有你想要的东西。我们之前说过谈判就是在双方都能接受的范围内谋求一种双赢的结果，这里面就包括了满足对方的某些需求和预期。所以要想把对方牢牢地吸引住，让他认真地坐下来跟你谈，你就得亮亮自己的筹码，让他明白你这里有他特别想要的东西。这个筹码对对方的吸引力越强，你在谈判中占据的主动权就越大。但是，在每次的谈判中我们手中的筹码都是有限的，这筹码要怎么亮出来，才能为我们在谈判中争取更多呢？这里有两种不同的亮出自己筹码的方式，各有妙处，供你参考：

1. 亮出筹码，决不让步

在谈判一开始的时候就让对方看到你的筹码，然后提出自己的条件。剩下的就是不改自己的初衷，坚持你所坚持的一切。这是一种效果很好，也很节省心力的谈判方法。不过有几个关键点，需要你在使用这种方法之前一定要做到确定无疑。

首先，你要确定自己的筹码是对方非要不可的，没有任何替代的可能性。

其次，请务必确定他在除了你之外的任何其他地方都无法获取你手中的筹码。或者就是能够得到，也要支付你比所要求的还要高的成本。

再次，请务必确定你所开出的条件是对方目前所能承受的。如果他的承受能力远远不及你所开出的条件，即使拥有再强烈的愿望也只能选择放弃。比如说，每个人在面对生死抉择的时候，都拥有非常强烈的生的渴望，但是也有不少人会放弃生的希望。这是因为他所要支付的成本远远超出了他的承受极限。

最后，务必告诉对手，如果谈判不成他将面临什么样的损失。

　　黄老师是一家私人外语学院的金牌教师，她拥有非常丰富的教学经验，在圈内拥有非常高的知名度，她独创的教学方法也是其他人模仿不来的，而且她在学校的学生和家长中间有着绝对的影响力。毫不夸张地说，她就是这个学校的一面旗帜。但是，跟这一事实不相符的是，她在学校执教多年拿的都是一份普通老师的工资。这让她感觉越来越不公平。

　　于是，黄老师找到校长提出新的薪资要求。但是校长觉得黄老师要求的薪资标准远远超出了一位普通老师的正常薪资水准，就一口回绝了。面对校长的拒绝，黄老师并没有选择让步，而是把自己的筹码全部亮了出来：

　　"我的教学经验和在圈子里的声誉咱就不用说了，你了解的并不比我少。我自己那套教学方法对咱们在校的学生有多大的影响力，又对我们招收的新生有多大的吸引力，想必您也知道吧？那么您打算让谁来教授我的这套学习方法呢？在咱们学校的学生和家长当中，他们对我的满意度您也是知道的，而且需要告诉您的是他们都不希望换新的老师，就算您能找到同样合适的老师，那么，学生和老师的磨合又需要多长的时间呢？这当中学生的流失率又会达到多少？这些我希望您可以认真考虑一下，然后顺便考虑一下我提出的薪资要求。"

　　第二天上午刚上完课，校长就把黄老师请到自己的办公室里，重新签订了一份聘书，这份聘书中，黄老师的待遇是之前的两倍。

黄老师之所以在谈判中敢于亮出自己筹码，然后决不让步，就是完全做到了这个方法所要求的那几点。所以取得谈判的成功也就是意料之中的事了。

2. 隐藏关键，出其不意

这个方法说得简单一点就是你左边兜里揣着 5 颗糖，右边的兜里揣着 2 颗巧克力，你用这些跟你的小伙伴换他手里的小画册。你先跟他说：

"我用我的 5 颗糖果换你的一本小画册怎么样。"

这个小吃货，看到你的糖就被勾起了馋虫，想一下自己的画册反正早就看过好多遍了，就愉快地同意了这次交换。但是，这时候来了另一个小伙伴，他刚好也想要小吃货手里的小画册。他也准备用手里的糖果换他的画册，但是他兜里的糖果比你多。他知道你们计划中的交易之后就很不仗义地对小吃货说：

"你换给我好了，你要是换给我的话，我给你 6 颗。"

这时候小吃货还在顾及你们之前的约定，犹豫不决。

后来的小伙伴看到这种情况干脆一咬牙，说：

"这样吧！你只要答应把你的画册换给我，我就把兜里的 7 颗糖果全部给你。这样你就可以多吃两颗糖果了，你该不会傻到跟糖果过不去吧？"

这样一来情况就对你非常不利了，因为按照小吃货的逻辑，这多出来的两颗糖果足以让他改变主意了，于是就在他将要改变主意的时候，你大喊一声：

"等一下，我这里还有两颗巧克力。你想想，就算是糖果再多，那也是一种味道。但是如果多出来的是两颗巧克力的话，那味道可就不一样了。但是我有一个条件就是马上交换。"于是，你们就顺利地完成了交换，就算后来的那个小伙伴他兜里有 9 颗糖果也一定赢不了你。因为你已经成功地把小吃货的注意力从糖果的数量比拼上转移到了味道上。巧克力就是你的王牌。

这不过是一个小故事，就像一个道具一样用来解释一下这种方法的使用技巧。但是我们的生活中可不缺少这样的例子，我们再来看一个生活中的例子。

由于张梅在校期间的优越表现，在毕业的时候有两家公司争着要她。李总给出的待遇是月薪 6000 元，转正后有"五险一金"。而王总给出的待遇是月薪 4000 元，转正后有"五险一金"，公司负责食宿。张梅自己衡量了一下，自己每个月的食宿差不多就在 2000元左右，转正后，两家公司都有"五险一金"。李总的 6000 元月薪看着高了不少，但是扣除自己每个月的食宿费用的话，也就是剩下4000 元左右，跟王总开出的条件也差不多。于是，张梅一直犹豫不决，这件事一时就陷入了僵局。后来，李总把张梅请过去面谈。见面后，李总跟张梅说：

"公司每年都有几个解决户口的名额，如果张梅过来上班的话，就把其中的一个名额给她。但是有一个条件，就是当场签订入职协议，过期不候。"

解决户口问题，这对所有的毕业生来说都绝对是一个不小的诱惑。张梅有心再听听王总的意思，但是李总那句过期不候让她彻底打消了念头。万一王总那边不成，李总这边又错过了，到时候后悔都来不及。于是，他们就在李总的办公室当场签订了入职协议。

有句话叫作"运用之妙，存乎一心"，如何亮出自己的筹码：早一点亮出来，还是晚一点亮出来；是一下子全部亮出来，还是留着一部分到关键的时候再用。如果有人说，一定要早点亮出你的筹码或者说千万不要把自己的筹码一次全部亮出来。这话都不足信。每种方法都有适合自己的情境和条件，高手之所以高明，就是他们能够准确判断当下的形势选择最合适的方法。

谈判高手的模糊语言

通常情况下，当你不想让对方知道自己的真实意图，或者对自己的观点没有把握和信心时，常会说出一些模棱两可的话。当你评论完某件事后，就会加上"不过，有时也会……"之类的话，以便给自己留个台阶。

如果不牵扯利益冲突的话，我们对这种表达方式会有些反感，不肯定也不否定，让人觉得他总是那么没有立场。但是，如果把它放到谈判桌上，它的作用可就非同一般了。

政治家们大部分都是个中能手，他们总能把事物的两面性巧妙地融入自己的话语，所以我们经常能在电视或新闻里听到这样的话："这个问题很重要，应该慎重考虑，我们愿意为此做出积极的努力……"这样回答，使你不知道他到底考虑得怎么样又做得怎么样，但他已经做出了"圆满"的回答。这就是模糊语言的妙用。

在商务谈判中，有时你会出于某种原因而不愿把自己的真实想法暴露给对方，这时你就可以输出一些"模糊化"的信息，既不伤害别人，又不令自己难堪。模糊语言在你遇到下面的情况时，会发挥神奇的功效。

1. 干扰对方的思维

在谈判过程中，利用体力消耗引起的注意力松散和戒备心理进入低潮的时候，可用模糊语言将对己方不利的问题暂时转移，或者将对方引入设计好的问题圈套中。

某单位与所在地区的几家供货单位都有业务联系。一次，他们与其中一家供货单位关于价格的问题陷入了僵持。这时，公司的谈判人员突然扔出了一个新问题："据说，贵方收购了附近几家工厂的木材，而且是以很低的价格，然后再以高价销售给我们的。确实是这样的吗？"

"根本没有这回事。"

"哦，我们也只是听说而已，想向你们证实一下。"

"这绝对不可能的，厂里的事我们不会不清楚啊！"

"我们也不相信贵厂会这样做……"

双方就此事谈开了，一方表示"将信将疑"，另一方则说"这种事绝对不可能发生"，当买方说"时间不早了，让我们休息一下吧，明天接着谈"时，他们的目的已经达到了。等到下次谈判时，卖方的心里一定多了一个干扰信心的因素。

2. 在时机未到时，对方问你的态度

此时，你可以这样回答："好的，我先把情况向董事会汇报一下，之后我会以最快的速度告知贵方。"表面上看，你是答应了对方，而实际上你给出的是否定回答。你的"以最快的速度"让对方

听起来很爽，但实际上你以董事会的名义拒绝了对方的要求。

3. 拒绝对方的意见

用模糊的语言表示不同的意见，既不伤害对方，又使自己避免难堪。比如，当对方陈述结束后，你可以这样说："或许你这样做是对的，但是我们仍然无法最终确定……"这种表达既给对方以一定的肯定，又不至于使谈判陷入僵局，同时否定了对方的意见，又给以合作的、抱有诚意的态度，这不是单纯地反驳或拒绝所能达到的。

4. 激发对方的情绪达到试探的目的

对方越迫切地想知道你的态度，你就越用模糊不清的态度予以答复，迫使他不厌其烦地阐明自己的本意，激发对方的情绪，使其暴露更多的真实意图。

此外，模糊语言在拖延时间、刺探情报以及将来推卸责任等情况时也会发挥独特的作用，在你的职场谈判中巧妙运用，一定会挖掘出模糊语言的更多价值。